Bettina Mersmann

Manifestieren statt Malochen als Networker/in der
neuen Zeit
Wie du ein Erfolgsmagnet wirst und mit
Leichtigkeit alles erREICHen kannst, was du
willst

D1728227

Bettina Mersmann

Manifestieren statt Malochen als Networker/in der neuen Zeit

Wie du ein Erfolgsmagnet wirst und mit Leichtigkeit alles erREICHen kannst, was du willst

Rediroma-Verlag

Bibliografische Information der Deutschen
Nationalbibliothek:
Die Deutsche Nationalbibliothek verzeichnet
diese Publikation in der Deutschen
Nationalbibliografie; detaillierte bibliografische
Daten sind im Internet über http://portal.dnb.de
abrufbar.

ISBN 978-3-98527-551-9

Copyright (2022) Rediroma-Verlag

Bild „Dankbarkeit: EtiAmmos (shutterstock.com)
Umschlagfoto: Kirsten Buss

www.rediroma-verlag.de
12,80 Euro (D)

Widmung & Danksagung

Dieses Buch ist allen Networker/innen gewidmet, die nach einem Erfolgsweg suchen, der im Einklang mit ihrem ganzen Wesen steht.

Ein Weg, der nicht rein männlich dominiert ist von schwerer Arbeit, sondern der auf einer Geisteshaltung beruht, die auf magische Art und Weise die gewünschten Umstände anziehen kann.

Ich danke aus tiefstem Herzen jedem Wegbegleiter, der direkt oder indirekt dazu beigetragen hat, dass dieses Buch entstehen konnte. Meiner Familie, Freunden, Teammitgliedern und Mentoren.

Vordenker im Bereich Persönlichkeitsentwicklung und Spiritualität haben kollektiv einen Einfluss auf mich ausgeübt, der mich dazu geführt hat diesen Herzensweg zu gehen.

Folge auch du deinen Träumen und bringe sie in die Realität, indem du die Wahrheiten in diesem Buch anwendest.

Ein Aufwachbuch für uns und alle Newcomer und Oldies im Network Marketing. Zeitlos und genau zur richtigen Zeit!
Dr. Angelika Müller-Brodel & Dr. Christoph Brodel, Anästhesisten & Networker

Inhalt

Vorwort

Hast du schon einmal den „Sog der Freiheit" ge-
spürt, den das „Beziehungsmarketing", Network
Marketing verströmt?

Ja?

Dann wird dich die faszinierende Aussicht auf
absolute Selbstbestimmtheit, Wohlstand und ein
Leben der persönlichen Entfaltung wahrscheinlich
auch in seinen Bann gezogen haben und motivieren, beherzt diese Chance zu ergreifen.

... Wenn da nicht der innere Saboteur wäre, der
laut ABER ... in dir schreien würde...

Woran liegt es, dass dich gewisse Hemmungen
zurückhalten wollen, diesen einzigartigen Weg in
deine persönliche Freiheit, deinen Wohlstand und
deine Selbstbestimmtheit zu gehen?

Du erhältst Antworten auf diese Fragen und
wirst durch deine neuen Erkenntnisse ungeahnte
Kräfte freisetzen. Was es dazu braucht, ist dein
wirkliches Einlassen auf dieses Buch. Tauche ein,
nutze die angebotenen Selbstreflektionen und
wandle sie in Handlungsenergie um.

Ich möchte dir Mut machen und dir Unterstützung geben, um aus vollem Herzen JA sagen und
entschlossen, zielstrebig sehr erfolgreich werden
zu können.

Du wirst deine Bremsen lösen und zu einem Leuchtturm werden, der sich nicht nur wirtschaftlich, sondern auch persönlich enorm weiterentwickelt.

Kein anderer Wirtschaftszweig polarisiert so sehr wie die Network Marketing Branche. Sämtliche Licht- und Schattenseiten der Menschen kommen in diesem Business zum Vorschein.

Gier, Konkurrenz, Neid, Blender, Selbstsucht ebenso wie absolute Herzensqualitäten zeigen sich hier: Kommunikationstalente, Visionäre und begnadete, einsatzbereite Menschenkenner- und Freunde, die das Wohl der Partner und Kunden an die erste Stelle stellen, entpuppen sich als wahre Erfolgsmagneten.

Dieses Buch erzählt von den Lichtseiten dieser Branche. Du findest hier beides, so wie wir Menschen in der Dualität leben und beides in uns vereinen.

Die lichtvolle Seite, die darf gestärkt und herausgestellt werden. Die Zeit war nie so reif wie heute, diese starke Branche mit ihren lebensoptimierenden Möglichkeiten hervorzuheben und mit Stolz zu vertreten.

Die Welt verändert sich rasant im Außen und ebenso in den Leben der Einzelnen. Ein neues Bewusstsein, eine neue Energiequalität des wertschätzenden und wertschöpfenden Miteinanders im Beziehungsgeschäft wird auch in deinem Geschäftsaufbau rasant schnell Früchte tragen lassen.

Ich eröffne dir einen Schatz an Erfolgsstrategien, die ich in ca. 20 Jahren Network Erfahrung machen durfte und die sich sehr gut in der Praxis bewährt haben.

Möchtest du eine „Abkürzung" nehmen, um von Anfang an mit 100% gutem Gefühl und Engagement ein Leben deiner Träume zu erschaffen?

Wertvolle Inspiration auf der persönlichsten Ebene werden dir eine Unterstützung in deiner täglichen Arbeit als Networker/in sein.

Ich weiß, dass es geht, und ich weiß, dass du es kannst! Die Lösung bist einzig und allein du!

Kapitel 1
Manifestieren statt Malochen

Im norddeutschen Münsterland, meiner Geburtsregion, bezeichnen wir harte Arbeit simpel als „Malochen". Zur Genüge wurde mir in meiner Kindheit beigebracht und vorgelebt, dass es „ohne Fleiß keinen Preis" gäbe und dass „erst die Arbeit, dann das Vergnügen" kommt.

Provokant behaupte ich heute, dass wahrer Erfolg leicht ist und geistig vorbereitet werden kann.

Es gibt einen Zustand, den du einnehmen kannst, der auf magische Art und Weise deine Lebensumstände in allen Lebensbereichen optimieren kann und der wie auf wundersame Art und Weise passende Umstände anziehen wird. Alles, wirklich alles, kannst du in deiner Vorstellung und deinem Innersten kreieren, bevor du in die Handlung und wilden, kopflosen Aktionismus gehst.

Manifestieren statt Malochen, genau das ist der Weg!

Sicherlich ist dir der Begriff Manifestieren bekannt, der übersetzt: „sich offenbaren", „sichtbar werden" oder „erschaffen" bedeutet.

Meiner Wahrnehmung nach ist alles Energie.

Wir Menschen bestehen nicht nur aus „Materie"
in Form von „Fleisch und Blut", sondern sind
Schwingungswesen, spirituell-geistige Wesen IN
einem physischen Körper.

Einfach und bildhaft ausgesprochen funktionieren wir wie ein Frequenzgenerator, wie ein leben-
der Magnet, der die Umstände kreiert, die unserer
Schwingung entsprechen.

Diese Erkenntnis und dein richtiger Umgang
damit, selbst wenn dir diese Aussage „zu esote-
risch und unwissenschaftlich" vorkommt, kann dir
unfassbare Ergebnisse bescheren, die deine Arbeit
und messbaren Ergebnisse beflügeln!

Ganz besonders im Network Marketing hast du
die Chance, deine strategischen Handlungen,
kombiniert mit Manifestationstechniken, unter
Beweis zu stellen.

Die Erfahrungen, die du in diesem Vertriebszweig mit deinen Interessenten, Kunden und Ge-
schäftspartnern machst, sind das ehrlichste Spiegelbild deines Selbst!

Aber lass mich bitte, bevor wir step by step in
dieses Thema anhand von praktischen Erfolgsstrategien einsteigen, mit meiner persönlichen Geschichte beginnen.

2003 bin ich das erste Mal mit dieser Branche in
Kontakt gekommen. In einer Zeit, wo ich „ma-

locht" habe, körperlich und in dem Halbspagat zwischen Unternehmerin, Therapeutin, Mutter und Ehefrau, Freundin, Tochter ... zu sein.

Im Alter von 25 Jahren hatte ich mich selbstständig gemacht und zwei Praxen aufgebaut. Schon nach zwölf Jahren klassischer Selbstständigkeit als Physiotherapeutin, kam immer deutlicher ein leises Gefühl von „Das soll es jetzt gewesen sein?" auf. Ich wurde zunehmend müde und mürbe ob all der Verwaltungsarbeit, der Verantwortung für viele Mitarbeiter und der körperlichen sowie emotionalen Belastungen im Umgang mit den Patienten und Mitarbeitern.

Freiheit, Selbstbestimmung und Wohlstand, diese für mich schon damals reizvollen Werte, schienen trotz extremen Arbeitseinsatzes in unerreichbarer Ferne zu sein. Werte, die mir zwar wichtig waren, aber bei denen ich keinen Weg sah, diese als klassische Unternehmerin zu realisieren und zu leben.

Heute weiß ich, dass mein unbewusster Wunsch nach Freiheit und einem leichteren Leben dazu führen musste, dass mir damals eine Einladung zu „so einer Präsentation" ausgesprochen wurde. Mit dieser ersten Einladung zu einer Network-Marketing-Veranstaltung begann meine Erlebnis- und Erfahrungsreise in ein Berufsfeld, von dessen Existenz ich bis dato nie etwas gehört hatte!

Gefühlt wurde bei mir anfangs innerlich alles auf den Kopf gestellt: Meine Vorstellung davon, wie „man zu arbeiten hat", wie leicht oder schwer das Geld verdient werden „darf". Welche Unterstützung Produkte bieten können, um das Leben zu verschönern, und vor allem wie sehr die persönliche Entwicklung, das Erfolgs-Mindset und die eigene Kommunikationsfähigkeit ausschlagegebend sind für Wachstum, Erfolg und Lebensglück!

Ich gehöre noch der Generation an, die mit Glaubenssätzen großgeworden ist, wie:

- „Erst die Arbeit, dann das Vergnügen"
- „Im Schweiße seines Angesichts muss man sein Geld verdienen."
- „Ohne Fleiß kein Preis."
- „Von Nix kommt nix!"

So ging das in fast allen Lebensbereichen weiter, gerade auch bezogen auf Geld, Lifestyle und Reichtumsbewusstsein.

Eine Katastrophe!

Vielleicht findest du dich darin wieder?!

Glaube mir, es macht Sinn sich diese alten Glaubenssätze und die damit verbundenen tiefen Erfolgsverhinderungsprogramme anzuschauen und aufzulösen. So kannst du frei sein, deine eigenen Entscheidungen zu treffen und gute Erfahrungen zu sammeln.

Network Marketing mit all seinen Facetten der speziellen Arbeit, die so ganz anders ist als das gewohnte Arbeiten als Angestellte/r oder Selbstständige/r, ist in meinen Augen eine Art Lebensschule.

Menschen lernen, was SIE wirklich wollen, setzen sich häufig zum ersten Mal richtig mit den eigenen Lebensträumen auseinander und bekommen dazu noch ein Vehikel angeboten, welches die Träume nicht „Schäume", sondern Realität werden lassen können. Es ist in diesem Vertriebszweig eine Persönlichkeitsentwicklung möglich, wie in keiner anderen Branche.

Man muss viele Frösche küssen, bis ein Prinz dabei ist.

Ich habe einige „Network-Frösche" geküsst, bis ich sinnbildlich 2016 mein absolutes „Traumprinzkonzept" gefunden habe. Die Firmen, mit denen ich vorab verbunden war, sehe ich als Lernfeld und Erfahrungsschatz an, die mich in die Lage versetzt haben, all das gesammelte, gelebte Wissen der vorherigen Jahre direkt sehr erfolgreich mit der richtigen Company und dem neuzeitlichsten, innovativsten Produkt umzusetzen.

Networking in der neuen Zeitqualität, das ist es, welches ich bewusst fördern und herausstellen möchte! Erst wenn wir den Sturm und Regen ken-

nengelernt haben, wissen wir die Sonne sinnbildlich zu schätzen.

Kapitel 2
Network Marketing der neuen Zeit

Die neue Zeit, davon sprechen seit 2012 sehr viele Menschen, und das gerade in spirituellen Kreisen.

Was verstehe ich, bezogen auf Multi-Level- Marketing (MLM) unter der Neuen Zeit?

Wir befinden uns sinngemäß in den goldenen Zwanziger Jahren. Ein neues Zeitalter, welches immense Umbrüche in sämtlichen Bereichen der Welt nach sich zieht.

Die alte Zeit, das ist eine Epoche, in der noch deutlich niedriger schwingende Energien zum Ausdruck kommen.

Das können sein: egogesteuertes Machtstreben, Kampf, Anstrengung, Gier, Konkurrenzdenken, Neid.

Die bewusste oder unbewusste Verbindung mit diesen Energien hat Auswirkungen auf die Eigenschwingung der Menschen, die sich nach unten bewegt. Dies zieht einiges an spürbaren Folgen nach sich, die sich auch in der Arbeitsweise eines Networkers widerspiegeln können und dem Ruf der Network-Marketing-Branche in manchen Bereichen nachhaltig geschadet haben.

„Anhauen-umhauen-abhauen", ist die Kurzformel der Beschreibung einiger perfider Geschäftspraktiken der „alten Zeit", die rein profit- und giergesteuert sind. Bedauernswerterweise stehen hier nicht Nachhaltigkeit, Wahrhaftigkeit und der Mensch und die Sache bei derlei Geschäftspraktiken im Vordergrund.

Aber auch ehrliche, wohlwollende Geschäftspraktiken, die sich durch reine Anstrengung, Kampf, kopfgesteuertes Handeln, Disziplin und extremen Ehrgeiz auszeichnen, sind Ausprägungen der alten Zeit.

Jedes Zeitalter birgt neue Aufgaben und Chancen. *Die Entwicklung eines neuen Bewusstseins der Menschen* ist meiner Meinung nach eine zentrale Aufgabe der neuen Zeit und ebenso in der Network-Marketing-Branche wichtig.

Nie zuvor war die Zeit so reif und gut, um Empfehlungsmarketing in seiner reinsten und höchsten Form nach vorne zu bringen.

In diesen Zeiten der massiven globalen Veränderungen brauchen Menschen Lösungen, um wirtschaftlich und persönlich wachsen zu können, sich zu verbinden und gestützt durch ein Netzwerk Gleichgesinnter Sicherheit und Unterstützung zu bekommen.

Selbstbestimmtheit, Freiheit, Fülle und Verbundenheit leben sind Werte, die mehr und mehr an

Bedeutung gewinnen und die Trennung zwischen dem normalen Arbeitsalltag und Leben an sich aufheben. Die Anzahl der Menschen, welche die herkömmliche Definition von Work-Life Balance in Frage stellt, wächst und der Wunsch nach einer Tätigkeit, die mehr ermöglichen kann als nur den Bedarf des täglichen Lebens zu verdienen, gewinnt zunehmend an Reiz.

Das neue Bewusstsein in dieser Zeit ist das Quantenbewusstsein.

Ein Bewusstsein, welches nicht in Trennung, sondern in „All-eins-Sein" denkt. Welches den Menschen als spirituelles Wesen in einem physischen Körper begreift und entsprechend handelt.

Das universelle Gesetz von Ursache und Wirkung und das Gesetz der Resonanz haben dabei einen besonders hohen Stellenwert, der auch die Arbeit als reines Wirkprinzip versteht.

Der Kommunikationsberater, Autor und Coach *Sven Brodmerkel* beschreibt den Weg der Zeitalter wie folgt:

Im *Industriezeitalter (19. Jahrhundert, bis 1980)* waren „Handarbeiter" gefragt und Werte wie Kraft, Ausdauer, Sicherheit, Arbeitsplatz und Männlichkeit wichtig.

Im *Informationszeitalter (20. Jahrhundert, bis 2010)* waren „Kopf- und Wissensarbeiter" gefragt und Werte wie analytisches Denken, Wissenserwerb, Status, Macht und Pflichterfüllung wichtig.

Im *Inspirations- und Dienstleistungszeitalter (seit 2010)* sind „Kreativarbeiter" gefragt und Werte wie Kreativität, Spaß, Selbstverwirklichung, emotionale Intelligenz, holistisches Denken, Empathie, Weiblichkeit und Spiritualität wichtig.

Lass bitte diese Begriffe nochmals einen Moment ganz bewusst auf dich wirken:

Kreativität, Spaß, Selbstverwirklichung, emotionale Intelligenz, holistisches Denken, Empathie, Weiblichkeit und Spiritualität ...

Das, genau das sind die Qualitäten eines Networkers der neuen Zeit!

Wie wäre es, wenn du damit bei dir anfangen und in dieser Geisteshaltung, von innen nach außen heraus, dein Netzwerkunternehmen aufbauen würdest?

Du wirst im weiteren Verlauf des Buches wertvolle Strategien erfahren, die dir genau dabei helfen werden, eine innere Qualität zu entwickeln, die diesem Geist entspricht und dadurch sehr anziehend wirkt.

Wie wäre es, du würdest damit einen Beitrag leisten, der weit über dein eigenes Wohl hinausgeht?

Du kannst der/die Urheber/in sein, der/die eine bessere „Arbeitswelt" kreiert, dadurch, dass du eine sinn- und werteorientierte Organisation aufbaust.

Menschen in der heutigen Zeit sehnen sich (un)bewusst nach Ganzheit. Sie wünschen sich erfüllt, frei, verbunden und Sinn-haft ihr Leben zu gestalten. Sie möchten ihre Berufung leben und selbstbestimmt sein.

Sei dir dessen bewusst!

Diese Bewusstheit ist der erste Schritt hin zu einer neuen Qualität *deines* Network-Unternehmens.

Du bist der Kopf, das Herz, der Pulsschlag deines Netzwerkes.

So wie das Herz mit seinen Gefäßen deinen ganzen Körper durchströmt und nährt, so wird deine Energie, deine Geisteshaltung und Schwingung sich in der Tiefe deiner Geschäftspartner (Downline) ausdehnen.

Ein Team, dessen Spirit und Antrieb getragen ist von deinen Herzensqualitäten. Getragen von einer lichtvollen, wertschätzenden und wertschöpfenden Energie, zum Wohle jedes einzelnen und des Ganzen.

Das ist der neue Zeitgeist, der in diesem Beziehungsbusiness dem *goldenen Zeitalter* entspricht.

Kapitel 3
Worauf kommt es an?

Wenn DU bereit bist, kann der Weg zum erfolgreichen Network-Profi eine Persönlichkeitsentwicklung vom Feinsten für dich bedeuten.

Ein „Rohdiamant-Schleifprogramm" erwartet dich hier, welches Dich in deiner besten Version voller Glanz erstrahlen lassen kann.

Auf allen Ebenen deines Seins!

Reich, erfüllt, frei, vital, umgeben von einem Netzwerk an gleichgesinnten Menschen, die dich in ungeahnte Höhen katapultieren können.

Du erhältst hier eine Chance, dich in einer Weise mit dir selbst zu befassen wie wahrscheinlich nie zuvor in deinem Leben und vor allem in deinem bisherigen Berufsleben.

Deine kühnsten Träume können nun hervorgeholt werden und messbar in die Realität gebracht werden.

Schritt für Schritt.

*In all den Jahren als Networkerin, habe ich ent-
deckt, was die Essenz wirklich erfolgreicher Men-
schen ist:*
Sie haben ihr glasklares Warum.
Sie stehen zu sich, ihren Träume und Visionen.
Ohne Wenn und Aber.
*Kompromisslos, leidenschaftlich und aus ganzem
Herzen handelnd.*

Sie träumen nicht nur, sondern sind beseelt von
der Vorstellung, ein besseres Leben zu führen. Sie
nutzen diesen Traum und wandeln ihn in kraftvol-
le Handlungen um. Konsequent.

Weil sie es sich wert sind und weil sie mutig
sind!

Sie haben dabei nach einer gewissen Zeit des erfolgreichen Aufbaus nicht nur ihr eigenes Glück
im Fokus, sondern möchten weit über die eigenen
Bedürfnisse hinaus einen wertvollen Beitrag leisten. Sie gehen darin auf, engagiert Menschen zu
fördern, zu verbinden und beim Wachstum zu
unterstützen.

*Dein Pulsschlag, dein Antrieb, das Herzstück dei-
nes Wirkens ist dein:*

WARUM.

Es wird dich tragen und dich fokussiert und umsetzungsstark sein lassen.

Genau darauf kommt es an, auf dein glasklares Warum!

Wann hast du dir das letzte Mal in deinem Leben erlaubt, wieder zu träumen? Ich meine, wirklich zu träumen, als sei das, was du erträumst, real?

Erlaube es dir, tauche ein in deine Vorstellung.

Immer wieder. Ganz bewusst.

So wirst du deinen inneren Antrieb entfachen, der dich zu deinem Warum trägt.

Du brauchst es als Fundament deines stabilen Unternehmens, das du aufbauen möchtest. Du wirst es immer wieder brauchen, um nicht nur dein eigenes tiefes Feuer, sondern auch die Glut in anderen Menschen entfachen zu können.

Dein Warum zeigt dir auf, was du in deiner tiefsten Essenz noch leben willst.

Die Momente, in denen du mit dir alleine bist, sind die wertvollen Gelegenheiten, wo eine leise Stimme in deinem Innersten anklopft und sich meldet:

- „Eigentlich" wäre es schön, wenn …
- Was wäre, wenn …
- So könnte ich sein, wenn …
- Was wäre es doch schön, wenn …

Diese stillen Momente und deine freifließenden Gedanken und Gefühle sind die leise Stimmen deiner Seele, die Vorboten dessen, was du zu leisten imstande bist.

Vertraue diesen Impulsen und vertraue dir!

Deine Intuition zeigt dir auf, was dir im Leben am wichtigsten ist.

Sie zeigt dir deine Werte, Sehnsüchte, deine schlummernden Talente.

Nimm dir bitte etwas Ruhe und Zeit und tauche ein in die Fragen, um deiner ureigenen Essenz näherzukommen. Sie werden dich deinem Warum und deiner Vision eines Lebens deiner Träume näherbringen:

Was willst du in deinem Leben NICHT mehr haben?

Bitte brainstorme und liste alle inneren und äußeren Faktoren auf, die du am liebsten loslassen würdest.

Bewerte nichts, schreibe es einfach frei fließend auf:

_____

_____

_____

_____

_____

Was wäre das optimalste in deinem Leben, was du sein, tun und haben könntest:

_____

_____

_____

_____

_____

_____

Bitte kreise nun die drei wichtigsten Punkte ein, die du in beiden Bereichen aufgeführt hast.

Was ist dir besonders wichtig zu ändern, loszulassen?

1.
2.
3.

Was ist dir besonders wichtig in deinem Leben, welche Freude möchtest du leben?

1.
2.
3.

Bitte nimm dir noch einen Moment Zeit und FÜHLE, wie dein Körper reagiert, wenn du deine Erkenntnisse liest.

Spürst du, wie dich deine momentan belastenden Dinge/Zustände eng werden lassen? Wo genau fühlst du es in deinem Körper?

Spürst du körperlich einen Unterschied, wenn du deine freudvollen Wunschzustände bewusst liest und wirken lässt?

Wie fühlt sich das genau an?

Wo spürst du das?

Macht es dich „weit und weich"?

Wie wäre es, diesen gewünschten Zustand ab sofort immer wieder bewusst hervorzuholen und regelrecht zu erleben?

In deiner Essenz bist du ein spirituelles Wesen in einem physischen Körper.

Reiner, lichtvoller Geist.

Schöpferisch tätig – in beide Richtungen.

Du kannst durch deine Gedanken und Gefühle/n deine unerwünschten Umstände verstärken, da du deine Aufmerksamkeit auf das richtest, was du nicht willst.

Deine Energie folgt IMMER deiner Aufmerksamkeit.

Anziehungs-Kraft und Schwung erhältst du, indem du dich auf **DAS** gedanklich und emotional ausrichtest, was du dir wünschst – immer und immer wieder und ganz bewusst!

Fühle es, spüre es in allen Facetten, so, als wäre es bereits **JETZT** deine Realität!

Vor-Dankbarkeit ist das Zauberwort.

Vordankbarkeit, ausgelöst durch deine Vorstellungskraft der gewünschten Lebensumstände ...

Kennst du das Gefühl, dass allein ein Gedanke an etwas dich glücklich macht?

Das ist die *Energie der Visualisierung und der Vordankbarkeit,* die deinen Träumen und Zielen Flügel verleihen wird!

Stell dir bildhaft vor, du wärst ein lebendiger Magnet, der Frequenzen und Schwingungen mit einer magnetischen Kraft aussendet und anzieht.

Mit jedem Gedanken und den dazugehörenden Gefühlen sendest du Frequenzen aus, die eine magnetische Wirkung haben und genau das anziehen, was diesen Frequenzen entspricht.

Das *Gesetz der Resonanz* wertet nicht aus, es reagiert nur!

Tauche nun bitte noch konkreter, tiefer ein und gehe auf Spurensuche deines Warums.

Bitte beschreibe anhand der folgenden Fragen deinen perfekten Tag und deine perfekte Woche.

Bewerte bitte nichts, sei spontan, lass deinen aufkommenden Gedanken freien Lauf.

Es darf eine Beschreibung sein, die in der Zukunft liegt.

Trau dich – schreib es nur für dich auf!

Die folgenden Fragen sollen dir helfen, eigene Fragen zu entwickeln und sind als Beispiele gedacht.

Mein perfekter Tag, meine perfekte Woche:

- Wo wache ich morgens auf?
- Wie genau sieht mein Lebensumfeld aus?
- Von welchen/m Menschen bin ich umgeben?
- Wie genau verbringe ich den Tag?
- Welche Beschäftigung erfreut mich so, dass ich dabei Zeit und Raum vergesse?
- Wie ernähre ich mich und wer bereitet die Mahlzeiten zu?
- Was ist mir besonders wichtig an meinem perfekten Tag?
- Welches Bedürfnis ist so stark in mir, dass ich zum Glück im Laufe der Woche Zeit dafür habe, es zu tun?
- Wobei geht mein Herz auf?

- Wie fühle ich mich an meinem perfekten Tag/einer perfekten Woche?
- Wofür bin ich tief dankbar?
- Wie bringe ich diese Dankbarkeit zum Ausdruck?
- Was schätzen andere Menschen an mir, warum lieben sie mich?
- Was liebe ich besonders an meinem Leben?

Bitte schreibe dir nun zusammengefasst eine Kurzbeschreibung deines perfekten Tages auf.

Lege sie an einen Ort, an dem du immer wieder draufschauen kannst, um dich zu erinnern.

Du hast soeben deine Vision, deine Sehnsüchte, dein WARUM gefunden und warum es wert ist, dich zu engagieren, um genau dieses Leben zu erschaffen.

Was du fühlen und vor deinem inneren Auge bereits sehen kannst, das kannst du definitiv auch in deinen Händen halten!

Trage diesen inneren Schatz deiner ureigenen Vision, der dein innerster Anrieb ist, die „Extrameile" in deinem Netzwerkaufbau zu gehen, in dir und bleibe dabei, bis du den Zustand erreicht hast, den du dir von Herzen wünschst und der dich glücklich macht.

Gehe nun jeden aktiven Schritt, den du zukünftig machen wirst, mit einem „So-tun-als-ob-Gefühl"!

Fühle dich so, *als ob du* schon so erfolgreich wärst, wie du sein möchtest.

Tu so, *als ob* du schon die Person seist, die du in diesem Prozess werden wirst.

Nimm diese innere Haltung ein, kleide dich, rede, denke und bewege dich so, *als ob* du schon der Person entsprichst, die du dir in deiner Vorstellung kreierst.

Übe doch schon einmal und wiederhole es immer und immer wieder.

Allein der immer wieder bewusst gewählte Gedanke daran, in deinem gewünschten Zustand zu sein, wird dich glücklicher und erfolgreicher sein lassen.

Diese bewusst genährte „Vor-Dankbarkeit" erhöht deine Eigenschwingung und lässt dich in Resonanz mit den Umständen und Menschen gehen, die deinem Schwingungsfeld entsprechen.

Sprich mit deinen Teampartnern und auch Interessenten über deine Vision, die du hast, über dein Warum und du kreierst dadurch eine Wachstumsenergie um dich herum, die Menschen anzieht.

Wachstumsenergie versprühst du, indem du bei dir anfängst!

Du bist kein Träumer, wenn du träumst.

Nein! Du bist ein Visionär, der beherzt und mutig sich selbst und Menschen inspiriert es dir gleich zu tun:

Sich selbst und das eigene Leben wertzuschätzen und die Verantwortung für das eigene Leben bewusst und schöpferisch tätig zu übernehmen.

Trau dir selbst und vertrau deinem Warum und gehe freudig jeden weiteren Schritt der Umsetzung.

Je klarer du weißt, was genau du mit deinem MLM-Business erreichen willst, um so leichter wird deine Geschäftspartnergewinnung sein.

Stell dir vor du wärst ein Busfahrer, der seine Kunden von A nach B transportieren möchte. Steigen Menschen in einen Bus, wenn der Fahrer unsicher ist, ob er überhaupt losfährt und wann er wo ankommen wird?

Bei mir war es so, dass ich nach einer kurzen Zeit der Unentschlossenheit, ob ich „wirklich" ernsthaft etwas aufbauen möchte, eine tiefe Entscheidung getroffen habe, nebenberuflich entschlossen und engagiert anzufangen. Ab diesem Moment ging das Wachstum so schnell, dass ich kaum hinterherkam. Anfangs ohne vorhandenes System, einfach nur mit Begeisterung, regelmäßigem Rhythmus an einkommensproduzierenden Aktivitäten, wie Kontakte machen, Einladen, Präsentieren, Nachfassen, Unterstützen und dies wieder und wieder und wieder …

Nach einem Jahr verdiente ich nebenberuflich im fünfstelligen Bereich, nach vier Jahren war ich so frei, dass ich mein klassisches Unternehmen verkaufen konnte, um „all in" zu gehen und die ersehnte räumliche, zeitlich und finanzielle Freiheit zu leben.

Sei ein Mensch, dessen Commitment (Verpflichtung oder Hingabe) so klar ist, dass die Sache so gut wie erledigt ist.

Das *Gesetz der Resonanz* besagt, dass *Gleiches Gleiches* anzieht.

Eierst du rum … was bekommst du als Ergebnis?

Brauchst du noch etwas Zeit … wie werden deine Partner aufbauen? Du musst erst noch ganz viele Erfahrungen sammeln … was machen deine Partner?

Dein Warum klären und daraus eine große Vision definieren und kommunizieren – *das ist der Schlüssel zu deinem Erfolg, wenn daraus direkt Handlungen erfolgen!*

Dein starkes Verlangen, in deinem Unternehmen voranzukommen, und die Größe deiner Vision, wird genau das sein, was anziehend wirkt.

Unbewusst wollen wir Menschen wachsen und weiterkommen und wir suchen eine Art von Wachstumsenergie, die allein durch unsere große Vision und Klarheit verströmt wird.

„Wenn dein Beweggrund machtvoll genug ist, findest du auch die Stärke, um die Aufgabe zu erledigen. Wenn dir dein Beweggrund klar genug ist, bringst du auch die nötige Disziplin auf, um dein Ziel zu erreichen. Wenn dein Beweggrund bedeutungsvoll genug ist, erlangst du Zugriff auf alle Ressourcen, die du brauchst, um es zu verwirklichen. Wenn dein Beweggrund überzeugend genug ist, verfügst du auch über die Beharrlichkeit, um es durchzuziehen. Was immer du auch unternimmst, es ist unabdingbar, dass du verstehst, warum du es tust, und dass du dich mit diesem Warum verbindest. Mit einem starken und bedeutungsvollen Beweggrund wirst du einen Weg finden. Selbst wenn du dich von den Hindernissen überwältigt fühlst, wird dich ein überzeugendes Warum motivieren, sie zu überwinden. Auch wenn die Probleme noch so enorm erscheinen, schenkt dir ein klares Warum den nötigen Mut, um sie zu bezwingen. Vor jedem Anfang solltest du nach

dem Warum fragen, und wenn es dann hart auf hart kommt, kannst du dir dein Warum immer wieder vor Augen halten. Du musst dein bedeutungsvolles Warum kennen, es verstehen und dich damit verbinden – dann findest du immer einen Weg, um dein Ziel zu erreichen."

Ralph Marston

Kapitel 4
Dein Wollen, dein Glaube und dein Vertrauen werden dich stark und erfolgreich machen

Meiner Erfahrung nach sind die erfolgreichsten Teampartner diejenigen, die es schaffen, den Glauben und das Vertrauen auf das zu halten, was gut ist und was funktioniert und die den Unterschied zwischen Wünschen und tiefem Wollen kennen.

Ich vergleiche diese Punkte gerne mit einer Liebesbeziehung.

Wie war/ist das bei dir?

Die rosa Schmetterlinge am Anfang, als du nur an deine/n Liebste/n gedacht hast … Die Leidenschaft und Begeisterung, wie du um die/den geworben und dich bemüht hast …

Wünschen ist eine vage Vorstellung, die wenig Kraft hat.

Bekommen wirst du, wenn dein Wollen, genährt durch deinen Wunsch, so stark ist, dass du dafür aktiv wirst und bedingungslos begeistert bist!

Es ist im Business wie in der Liebe.

Erfolg ist für mich eine Form und ein Ausdruck der Liebe, wenn sie aus diesem unbedingten Wollen, der Begeisterung und Liebe zur Sache erwächst, in die du dich mit Haut und Haaren einlässt und in Menschen investierst, die dir am Herzen liegen!

Nach einigen Jahren der Verbundenheit, ja, da kennt man sich und weiß um alle Schwachpunkte und Knöpfe des anderen und läuft Gefahr, den Zauber der Liebe und Begeisterung gegen Kritik und Vorwürfe auszutauschen …

Worauf fokussierst du dich gewöhnlich?

Bist du ein Typ, der eher die Schwachpunkte in deinem Unternehmen sucht und die noch suboptimalen Umstände, bezogen auf die Company und ihr Angebot, oder liegt dein Fokus auf dem, was richtig gut ist und funktioniert und begeistert (hat)?

Da du weißt, dass die neue Zeit ein Dimensionswechsel in Richtung Denken und Be-Wirken in Energien, Frequenzen und Schwingungen ist, erkennst du direkt, welcher Weg Optimierungen in deinem Unternehmen beschleunigt – in allen Bereichen!

Das beste Erfolgsrezept, was ich dir geben kann, ist: deine Liebe, deinen Glauben und dein Vertrauen auf das Gewünschte, den Idealzustand, den du dir wünscht, zu halten. Nähre und halte die Dinge im Fokus, die fantastisch SIND!

SEI Du in der Liebe.

Zu dir, deinen potentiellen Kunden und Partnern und zu dem, was du zu bieten hast.

Liebe, aufrichtige Liebe, ist die Essenz, die alles in deinem Leben zum Erblühen bringt!

Keine aufgesetzte, sondern:
- *deine echte Zugewandtheit,*
- *deine echte Verbindlichkeit,*
- *dein echtes Engagement,*

das alles sind Ausdrucksformen der Liebe. Liebe zu den Menschen, die sich dir anvertrauen und Liebe zu dir selbst, durch deine Klarheit, die du lebst.

Nichts und niemand ist perfekt und Entwicklung und Veränderung sind ein Naturgesetz im Leben.

Je stärker der Glaube an:
- deine eigenen Fähigkeiten,

- die Firma,
- das Produkt oder die Dienstleistung,
- den Vertriebsweg Network Marketing ist,
umso leichter ist es für dich, aus vollem Herzen in die Umsetzung zu kommen.

Wie kannst du deinen Glauben und dein Vertrauen stärken?

Der wichtigste Erfolgsgarant bist du selbst.

Du entscheidest, ob du dich überhaupt wirklich entscheiden willst oder nicht.

Du entscheidest, ob dein „Wunsch-Traum" ein Traum bleiben soll oder deine gelebte Realität wird.

Du entscheidest, ob du dich traust zu beginnen oder dir die Möglichkeit „irgendwann" loslegen zu können reicht.

Der wichtigste Erfolgsgarant bist du.

Deine glasklare Absicht und eindeutige Entscheidung, diesen Weg zu gehen, wird dir Erfolg bescheren.

Wenn du dich immer wieder dabei ertappst zu hadern und zu zögern, dann überprüfe bitte immer wieder dein Warum und arbeite an deinem Glauben und an deinem Vertrauen.

Dies wird ein immer wiederkehrender Prozess der Feinjustierung bleiben, da du dich änderst und sich dein Leben in ständiger Veränderung befindet.

Sicherlich kennst du den Spruch:
„ Der Glaube versetzt Berge!"

Es ist elementar wichtig, dass du deinen Glauben aufbaust und stärkst, was die folgenden Bereiche anbelangt:

1. Wie steht es um deinen Glauben an die Vision deiner Firma?

1	2	3	4	5	6	7	8	9	10

2. Hast du genug Vertrauen in die Network-Marketing-Branche?

1	2	3	4	5	6	7	8	9	10

3. *Bist du tief überzeugt davon, dass dein Pro-*
   dukt oder die Dienstleistung deines Unter-
   nehmens den Menschen einen echten Mehr-
   wert bietet?

4. *Traust du dir selbst zu, in deinem Unterneh-*
   men erfolgreich zu sein und bist du überzeugt
   davon, die Fähigkeiten zu haben, mit denen
   dir alles gelingen wird, was du dir vor-
   nimmst?

1	2	3	4	5	6	7	8	9	10

Bitte überprüfe anhand der folgenden Skala, wie hoch dein Vertrauen ist.

Skala 1 bis 10, von 0 Vertrauen bis 100% skaliert, ermöglicht dir einen momentanen Vertrauenscheck.

Wie sieht dein Ergebnis aus?

Tipp:
Bitte nimm dir die Punkte heraus, bei denen du noch keine 8 bis 10 geben konntest. Ich verspreche dir, wenn du dir Klarheit und Sicherheit in diesen wichtigen Bereichen holst, wirst du Klarheit und Sicherheit ausstrahlen und Menschen das Gefühl geben können, mit dir und deinem Angebot „sicher" zu sein.

Wie kannst du konkret vorgehen, wenn dir die Sicherheit fehlt?

Fakten, Fakten, Fakten einholen, dies wäre eine Möglichkeit, die ich dir allerdings ungern als ausschließliches Werkzeug empfehlen möchte.

In meinen ersten Jahren zaghafter Versuche als Teilzeit-Networkerin habe ich Stunden, Wochen, Monate damit verbracht zum vermeintlichen Experten zu werden. Vor allem Expertin für Produktdetails. Ordner voll theoretischer Inhalte, die im Grunde alle dazu dienen sollten, meine Unsicherheit, die sich auf das Network-Marketing-Vertriebsmodell bezogen, zu verbergen.

Ich hatte das Gefühl zumindest ganz viel WISSEN zu müssen, um es mir erlauben zu können, auf scheinbar so einfache Art und Weise mein Geld verdienen zu können.

Was war das Ende vom Lied? Bei jeder Präsentation wurde ich als „Produktexpertin" zu Rate gezogen, was zwar meinem Ego geschmeichelt hatte, aber als Resümee daraus durfte ich lernen, dass zu viel Produktdetailwissen neue Produktdetailfragen aufwirft und nicht wirklich der Schlüssel zum Erfolg ist! Willst du das? Oder möchtest du eine Abkürzung?

Schlauer, effektiver, leichter und zielführender ist es, wenn du simpel und vertrauensvoll die Produkterforschung und das Detailwissen dem Entwickler der Kreationen deines Partnerunternehmens überlässt.

Wichtig sind die Erfahrungen, die Geschichten, die du von dir und anderen Nutzern sammeln und transportieren kannst.

Deinen Kunden interessiert im Grunde nur der Nutzen, den dein Produkt ihm geben kann.

Lediglich 4% der Menschheit sind so analytisch veranlagt, dass sie explizites Detailwissen brauchen.

Das bedeutet aber nicht, dass DU dieses Detailwissen haben musst – du darfst einfach nur aufzeigen, wo er/sie sich weitergehend informieren kann, wenn nötig!

Konzentriere dich auf das Wesentliche und begreife die Produkte deiner Firma so, dass du den wesentlichen Nutzen und die praktische Anwendung im Alltag vermitteln kannst.

„Geschichten verkaufen und nicht Fakten!"

Oder bist du schon einmal zu deinem Apotheker gegangen und hast dir erklären lassen, wie ganz genau das Medikament Aspirin zusammengesetzt ist und welche Wirkmechanismen im Körper zum Tragen kommen?

Warum willst du in deinem Network-Unternehmen ein Produktspezialistentum vorleben, was niemand nachahmen kann?

Keep it short and simple!
Mach es einfach und duplizierbar.

Das ist der Königsweg zu einem sich selbst duplizierbaren Netzwerk an Produktnutzern.

Ein wesentliches Produkt deines Netzwerkunternehmens ist die Geschäftsgelegenheit.

Das „Produkt Weiterempfehlung" und der Aufbau eines Residualeinkommens verdient die größte Aufmerksamkeit in deiner Businesstätigkeit.

Wie sollen Menschen Vertrauen in die Geschäftsgelegenheit des Network Marketing bekommen, wenn du dich um dieses Thema „herumdrückst"?

Ich beobachte immer wieder, wie KollegInnen sich endlos beim Produkt aufhalten und sich um den Abschluss und die „Gretchenfrage" winden:

-   „Möchtest du beginnen?"
-   „Wie kannst du das Produkt so günstig wie möglich bekommen?"

Besser noch:

-   „Wie kannst du damit ein unbegrenztes Einkommen erzielen?"

Du brauchst unbedingt ein glasklares, ungetrübtes Vertrauen in die Chance der Network-Marketing-Gelegenheit deiner Company. Nur dann wirst du in der Lage sein, entsprechende Geschäftspartner anzuziehen, die gemeinsam mit dir ein weltumspannendes Unternehmen aufbauen möchten.

Traue dich, groß zu denken und zu handeln!

Traue dich, groß zu denken, groß zu sprechen und in der ganzen Bandbreite der Möglichkeiten zu kommunizieren! Vielleicht brauchst du in diesem Punkt tatsächlich einige Fakten, die FÜR den Vertriebsweg Network Marketing sprechen, um selbst Sicherheit zu erlangen.

Du suchst eine Möglichkeit, selbstständig zu sein und möchtest dabei den *größtmöglichen* ROI (Return on Investment) bei gleichzeitiger zeitlicher und räumlicher *Unabhängigkeit*? Dann ist Network Marketing *das* Geschäft des 21. Jahrhunderts für dich. Hier kannst du dich bei einem Partnerunternehmen sozusagen in ein *goldenes*, warmes Nest setzen. Ein finanzielles Risiko besteht nahezu nicht, da du Produkte in dich selbst *investierst*, diese dann empfiehlst und diese *direkt* vom Partnerunternehmen bezogen werden können.

Keine Lagerhaltung, keine Personalkosten, keine Miete, keine nerven- und zeitraubende Administration. Dies übernimmt komplett die *Partnerfirma* für dich.

Dein Investment in deinen Unternehmensaufbau ist deine Bereitschaft, *ja* zu sagen und in dich selbst zu investieren.

Du investierst in dich *selbst*, lässt dich auf Produkterfahrungen ein, teilst diese und die lebensverbessernden Chancen deiner Company, für die du dich entschieden hast. Das war's.

Vielleicht ist es so *einfach*, dass du es dir kaum vorstellen kannst. Schließlich war dein bisheriges Berufsleben geprägt von Arbeit, Rackern, Schuften, Schwitzen, Kampf und Anstrengung und/oder Mangel.

„Reiche Menschen bauen Netzwerke. Arme Menschen suchen Arbeit."
Robert Kiyosaki

Ich persönlich habe mir angewöhnt, nur folgende bemerkenswerten Punkte herauszustellen, wenn es um Fragen oder kritische Rückfragen zu diesem Weg geht:

1. Die MLM-Branche macht mehr Umsatz als die komplette Musik- und Filmbranche weltweit zusammen.
   Genau genommen waren es 2020 schon über 200 Mrd.$ Umsatz weltweit! Wir sind ein starker, ernstzunehmender Trendmarkt der Zukunft und kein Nischenvertriebsweg!

2. Besonders Frauen haben hier einen bedeutsamen Stellenwert!

Sie/wir erarbeiten 75% des weltweiten Umsatzes in diesem Geschäft! Hier herrscht Chancengleichheit. Ein finanzielles Ungleichgewicht zwischen Männern und Frauen gehört in diesem Bereich der Vergangenheit an!

3. <u>Es ist ein seriöser, ethischer und fairer Vertriebsweg für unternehmerisch denkende Menschen.</u>
   Dazu gebe ich gerne immer die kleine Aufklärungsbroschüre *Die Kraft von Network Marketing* von Wolfram Andes weiter.

Keep it smart and simple!

Auch hier darf es reichen, wenn du weißt, auf welche Quellen der Information du deine Interessenten hinweisen kannst, statt dich selbst auf unendliche Rechtfertigungsdiskussionen einzulassen.
Das Wichtigste bist DU, ich wiederhole mich an diesem Punkt immer wieder und ganz bewusst.
DU bist der ausschlaggebende Faktor, ob Menschen sich dir anschließen und dir folgen, um ein tatkräftiger Networker zu sein.

Sprichst du nur vom Produkt (weil du dich vielleicht nicht „mehr" traust), erhältst du Kunden.

Sprichst du vom Geschäftsmodell Network Marketing, erhältst du Geschäftspartner.

Die Fakten dazu, die hast du schnell parat. Entscheidend ist aber etwas ganz anderes:

Entscheidend sind deine funkelnden Augen!
Traust du dir selbst zu, in deinem Unternehmen erfolgreich zu sein, und bist du überzeugt davon, die Fähigkeiten zu haben, mit denen dir alles gelingen wird, was du dir vornimmst?

Dein Selbst-Wert-Gefühl und dein Fokus auf das, was du an wunderbaren Fähigkeiten im Laufe deines Lebens erworben hast, sind der Schlüssel, um dich in diesem Bereich sicher zu fühlen!
Weißt du, es gibt Menschen, die ständig nach den Haaren in der Suppe suchen ...
Was bist du für ein Mensch?

Kapitel 5
Das Leuchtfeuer in dir zieht magisch an!

Dein Esprit, deine inbrünstige Flamme der Begeisterung, mit der du bildhaft von dieser lebens-
verändernden Chance berichtest, wirkt anziehend
und anhebend.

Ich gebe dir einige Hilfestellungen, wie du diese
Flamme der Begeisterung bei dir und auch bei
deinen Teampartnern erwecken und wachhalten
kannst. Diese Flamme wird auch dein Vertrauen
und deinen Glauben stärken und in Umsetzungs-
kraft wandeln:

*Übung/Brainstorming mit dir alleine oder ge-
meinsam im Team:*
Nimm dir bitte fünf Minuten Zeit pro Frage und
schreibe spontan auf, was dir bei den folgenden
Fragen in den Sinn kommt. Nutze diese Übung
regelmäßig für dich selbst oder auch gemeinsam
mit deinen Teampartnern:

Wenn dein Network Marketing Business so läuft,
wie du es dir wünscht,

1. *was bedeutet es dann im positiven Sinne und*
   ganz konkret für dein Leben?

---

2. *was bedeutet es dann für die Menschen, die*
   du liebst und die dir am Herzen liegen?

---

3. *Was ist das Beste, was dir passieren kann, wenn alles nach deinen Vorstellungen in deinem Netzwerkaufbau läuft?*

_____

_____

_____

_____

_____

Bitte notier nun die AHAs, die du bei deinem Brainstorming gewonnen hast.

LISTE AHAs erstellen!

_____

_____

_____

_____

_____

Halte diese Ahas wie eine glühende Flamme der Begeisterung in dir und stelle dir vor, du wärst schon da, wo du hinwillst.

Allein der Gedanke an deinen gewünschten Optimalzustand darf dich glücklich machen und dir ein Funkeln in die Augen zaubern!

Erinnerst du dich?

Vor-Dankbarkeit ist der Schlüssel, der deinen Träumen und Zielen Flügel verleiht!

Ein/e UNTERNEHMER/IN DER NEUEN ZEIT ist in der Lage, vom gewünschten Endziel aus zu wirken und zu bewirken.

Du kreierst und ziehst magisch die Umstände, Situationen und Menschen an, die zu deinem Resonanzfeld passen, welches eine Konsequenz aus deiner Vorstellungskraft (Gedanke) und deiner vorherrschendem Wunschvision (Gefühl) ist.

Persönlich habe ich genau dies schon sehr oft in meinem Leben erlebt. Ein Beispiel aus früheren Zeiten möchte ich dir erzählen. Ich war jung und hatte gerade die Ausbildung zur Physiotherapeutin abgeschlossen, als die Idee zunehmend in mir reifte, mich selbstständig machen zu können.

In meinen Gedanken kreierte ich ein Bild meiner zukünftigen, idealsten Praxis. Die Atmosphäre konnte ich regelrecht fühlen und so definierte ich wirklich jedes Detail, bis hin zu den gewünschten Umständen, dass die Praxisräume, die ich finden wollte, einen Terrakottatopf vor der Eingangstür haben sollten.

Sie sollte meinem Budget entsprechend günstig, hell und sehr wohnlich statt steril wie viele herkömmliche Gesundheitspraxen wirken.

Vielleicht ahnst du, was jetzt kommt …

Mir ist nach recht kurzer Zeit der Suche eine unfassbar helle, freundliche Immobilie angeboten worden, die warm und wohnlich wirkte. Dazu hatte sie einen Terrakottatopf vor der Tür, der sogar regelmäßig von der Gemeinde bepflanzt und gepflegt wurde UND im kompletten Eingangsbereich waren die Wände mit sandfarbenen Fliesen, die aussahen wie mit Terrakotta bestückt!

Das war aber noch nicht alles …

Die Miete sollte bei weitem mein mögliches Budget übersteigen und reumütig musste ich daher diese Traumpraxis ablehnen.

Hast du schon einmal erlebt, dass (d)eine Vermieterin mit der Miete sehr deutlich runter geht? Ohne zu verhandeln oder danach zu fragen?

Mir ist das passiert!

Zitat: „Sie sind mir so sympathisch. Mein Seelenfrieden ist mir wichtiger als viel Geld. Ich setze einfach die Miete so weit runter, dass Sie diese zahlen können."

Ich bin ihr noch heute so dankbar dafür, denn sie hat mir dadurch einen wunderbaren Start in den Aufbau einer großen Praxis und großartiges Wachstum mit schlussendlich 22 MitarbeiterInnen ermöglicht. Immerhin habe ich in dieser Praxis 24 Jahre gewirkt und sie dann dank meines Network-Marketing-Erfolges an einen zauberhaften Nachfolger verkaufen können ...den übrigens auch der Himmel für mich geschickt hatte und der ähnlich scheinbar aus dem Nichts heraus „da war"!

Glaube an Wunder! Du musst nicht genau wissen, WIE das, was du dir wünscht, sich entfalten und real werden wird.

Wichtig sind dein Glaube, dein Vertrauen und deine vorherrschenden Gedanken und Gefühle, die du ständig kreierst.

Ist dir bewusst, dass deine vorherrschenden Ge-
danken Flügel und Beine bekommen?

Die Energie, die hinter der Qualität deiner Gedanken und damit einhergehenden Gefühlen steht, hat einen großen Einfluss auf dein Energielevel und deine Aus-Strahlung. Sie beschert dir Reichtum, Freude und Erfolg. Oder lässt dich in Misserfolg und Anstrengung enden.

Kapitel 6
Dein Selbstwert und Erfolgsbewusstsein

Weißt du, ich kenne und schätze in meinem Netzwerk einige unfassbar charismatische, wundervolle Menschen, die in meinen Augen eine sehr große Chance haben, hier im Network exorbitant erfolgreich zu sein.

Bedauerlicherweise beobachte ich aber bei so manchen nicht, wie sie die Erfolgsleiter erklimmen, stattdessen werden Selbstzweifel und Unsicherheiten gehegt und gepflegt, die teilweise sogar ein Beginnen boykottieren.

Selbstzweifel, Angst, Befürchtungen und Selbstkritik sind energetische Disharmonien und damit absolute Erfolgsverhinderungsprogramme. Um mit einer Metapher einmal zu verdeutlichen, was ich damit meine, möchte ich dich bitten, dir vorzustellen, du seist ein Instrument. Zum Beispiel ein gut gestimmtes Klavier mit einem großen Klangkörper. Die Musik und Töne, die du von dir gibst, sind sinnbildlich für deine Schwingungen und Frequenzen in Form deiner gedanklichen und emotionalen Stimmungen. Je schöner, aufbauender, heller, klarer diese sind, umso leichter wirst du als Sender die passenden Empfänger anziehen.

Kannst du das auf dein Leben übertragen und auf dein Erfolgslevel?

Schräge Gedanken in Form von mangelndem Selbstvertrauen, Zweifel und Kritik sind energetische Disharmonien. Genau wie schräge Töne einer „nicht-stimmigen" Gitarre alles andere als magnetische Anziehungskraft entfachen!

„Liebes Menschenkind, weißt du eigentlich, wie unsagbar mächtig, wunderbar und grenzenlos du bist?"

So oder ähnlich würde eine weise Instanz, die dich aus der Metaebene hier auf der Erde wandelnd beobachtet, zu dir sprechen, was deine Selbstzweifel und deine Eigenkritik anbelangt.

Grenzenlos, mächtig und wunderbar bist du …

Was bedeutet das nun ganz praktisch auf dein Leben und Alltag als Networker/in bezogen?

Du bist grenzen-los
Du bist mächtig
Du bist wunderbar!

Um dich genau daran zu erinnern, dass du ein schöpferisches Wesen und in jeder Hinsicht mehr als gut genug bist, möchte ich dir einige Tools anbieten, um dein „Selbst-Bewusstsein" zu stärken.

Bist du selbstbewusst, dann hast du ein hohes Maß an Vertrauen in deine eigenen Fähigkeiten und traust dir zu, Dinge zu erreichen, die du dir entschlossen vornimmst. Du fühlst dich mit dir selber wohl und lässt dich nicht so schnell durch das Außen irritieren. Du hast aufgehört, es allen recht machen zu wollen, weil du erkannt hast, dass du dies niemals schaffen wirst und auch nicht must!

Als selbstbewusster Mensch ist dir zunehmend klar:

Du bist der Mensch in deinem Leben, mit dem du die meiste Zeit deines Lebens verbringen wirst.
Daher spürst du deine wahren Bedürfnisse und achtest sie.

Du reflektierst deine Gefühle, wenn dich z.B. jemand ablehnt oder nein zu dir und deinem Angebot sagt.

Du weißt, dass manche deiner Reaktionen automatisch ablaufen, weil Trigger von damals auch heute noch Emotionen bei dir auslösen. Trigger in Form von Verletzungen und Enttäuschungen aus der Kindheit, der Schulzeit oder auch Ablehnung in einer Liebesbeziehung ...

Ich selbst erinnere mich noch gut an die Reaktion eines ehemaligen Mitschülers, der meine ersten Network-Aktivitäten auf Social Media mit der abfälligen Bemerkung kommentierte:

„Bettina, wie kannst du SOWAS machen? Ich hätte dich intelligenter eingeschätzt. Du hast doch Abitur!!!"

Ja, solche Aussagen könnten durchaus triggern und Zweifel hervorrufen, die das weitere Vorankommen blockieren.

Deinen ureigenen Weg mit Network Marketing zu gehen, braucht dein selbstbewusstes Auftreten und Selbstvertrauen. In gewisser Hinsicht bist du eine Art Provokation für viele Menschen, da du dir die Mühe machst, auszubrechen aus den Konventionen, was die klassische Erwerbstätigkeit anbelangt. Du erlaubst dir, mehr vom Leben zu wollen, als 40 Jahre einer täglichen Arbeit zu vorgegebenen Zeiten und definierter Anzahl an Urlaubstagen nachzugehen.

Das provoziert und erinnert auf der unterbewussten Ebene viele Menschen daran, dass auch sie „eigentlich" etwas ändern sollten.

Als Strategie kann ich dir einfach nur empfehlen, bewusst auch hier wieder eine Entscheidung zu treffen!

Wofür?

Eine Entscheidung für Dich selbst.

Deine Wünsche, deine Träume, deine Sehnsucht nach Wachstum, einer Gemeinschaft Gleichgesinnter, Freiheit und Wohlstand sind 100% in Ordnung!

Triff eine Entscheidung, dass du ab sofort die Verantwortung dafür übernimmst, was und ob dich etwas im Außen innerlich triggern wird (oder nicht)!

Lenke dabei bewusst deine Gedanken auf deine Vorstellungskraft und wähle bewusst, WIE du Dinge wahrnimmst!

Ein Nein im Außen ist kein Nein zu dir als Mensch. Der nächstbeste Gedanke, den du wählen kannst, ist, dass dein Gegenüber einfach noch nicht sehen kann, was du in deiner Vorstellung siehst und erreichen wirst.

Du bist niemandem Rechenschaft schuldig, außer dir und deiner Treue zu dir selbst!

Und weißt du was?

Du wirst überrascht sein, wie viele der vermeintlichen Saboteure, die dich anfangs argwöhnisch beobachten, später auf dich zukommen werden.

Ich nenne sie á la **Robert Betz** meine „Arschengelchen", die mir einfach dienen, um meinen Klarheits- und Mut-Muskel zu trainieren und um mir eventuell noch Themen zu spiegeln, in denen ich selbst noch unklar und unsicher bin.

Bedanke dich innerlich bei diesen Menschen, die auch nur deinem persönlichen Wachstum dienen möchten.

Was auch immer passiert: Du entscheidest, wie du die Dinge bewertest. Meist sind wir selbst aber unsere größten Zweifler und Kritiker, nicht „die Anderen" sind „Schuld".

Wenn der Zweifel dich plagen will, ob du genügend Geld mit deinem Netzwerk verdienen wirst:
   Entscheide dich auch da bewusst für den nächstbesten Gedanken, den du wählen kannst.
   Wie wäre es mit:
Ich erkenne die Fülle in meinem Leben und nehme sie voll und dankbar an. Mit Leichtigkeit ziehe ich die Menschen und Umstände an, die entsprechend meiner Vision von Wohlstand und Freiheit zu mir passen.

Du wählst, ob du in der Zukunft Schlechtes erwartest oder deine Zukunft rosig siehst!

Weißt du, was meine ganz persönliche Erfahrung mit Zweifeln und Selbstzweifeln ist? Sie klopfen zwischendurch immer mal wieder an, besonders in den Phasen, wo der nächste Quantensprung an Entwicklung und Erfolg in greifbarer Nähe liegt.

Und manchmal dann, wenn ich mir ein wirklich hohes Ziel gesetzt habe und die sichtbare Manifestation etwas gedauert hat.

Sobald ich mich dabei ertappe in diese gedankliche Abwärtsspirale zu geraten, halte ich inne und stelle mir bildhaft vor, wie ich den *Stecker ziehe, der den falschen Glaubenssatz nähren will.*

Stopp!

Und direkt im Umkehrschluss besinne ich mich wieder auf diesen einen Zaubersatz und die absolut lösungsorientierte Frage:

„Wie will ich es haben?"

Sofort, wie auf Knopfdruck, hebt sich mein Energielevel wieder an! Probiere es bitte aus! Du hast eine Herausforderung?

Wie willst du es haben?

Du hast einen Zweifel?
Wie willst du es haben?

Du traust dich nicht?

Wie willst du es haben?

„Wie darf sich auf die schönste, leichteste und beste Art und Weise der Erfolg für mich und meine Teampartner, die schon da sind und noch kommen werden, entfalten?"

„Wie fühlt es sich genau an, diesen Endzustand des Gewünschten jetzt schon gefühlsmäßig zu erleben?"

Dein Selbstbewusstsein und Erfolgsdenken kannst du stärken und nähren, indem du gezielt dein Energielevel durch deine inneren Dialoge aufbaust.

Richtiges Denken und deine dazu passende Wortwahl heben deine Frequenz an und potenzieren deine magnetischen Anziehungskräfte.

So oft höre ich, wie Partner exzellent darin sind zu beschreiben, was sie NICHT wollen, was sie ärgert, was NICHT funktioniert …

Dreh das bitte, wenn auch du dich dabei ertappst.

Zweifel, Sorgen und Worte wirken!

Kultivierte Gedankenhygiene und gezielte Wortwahl, die positiv ohne Negierungen ausdrücken, was du willst, wirken ebenso – aber in die gewünschte Richtung! Was dich im Herzen berührt, ist das, was du aufbauend spüren kannst. Du kannst andere nur mit dem begeistern, was dich bewegt!

Deine Herzfrequenz muss regelrecht strahlen, sodass du blühst und ansprechend bist! In dieser neuen Zeit des Dimensionswechsels und der Energieerhöhung spüren dich Menschen mehr, als dass sie hören, was du sagst.

Achte also darauf, dass du ein klares, aufbauendes Bild von dir selbst und der Sache, für die du stehst, hast.

Sei in der Energie der Liebe, im Zustand deines idealsten, energetischen ICHs. Wie würdest du (mit dir selbst) sprechen, denken und handeln, wenn du im Zustand deines idealsten, energetischsten Ichs bist?

Du kannst sofort in diesen „So tun als ob"-Modus gehen und deine Frequenz erhöhen. Alles fängt einfach mit deinen Gedanken an, wähle weise!

Wie hoch schwingst du zurzeit und wie schnell kann dir das Quantenfeld spiegeln und liefern, was in dir ist?

Du bist grenzen-los
Du bist mächtig

Du bist wunderbar!

Erinnerst du dich?

Erinnere dich – ganz bewusst und regelmäßig!

Erkennst du zunehmend, dass deine eigenen Überzeugungen über dich selbst und über das Leben wie eine Art „self fullfilling prophecy" (eine sich selbst bewahrheitende Prophezeiung) wirken?

Jetzt ist der Zeitpunkt gekommen, wo du neue, stärkende Überzeugungen über dich und dein Vermögen, etwas erreichen zu können, wählen darfst.

Geh bitte offen an die folgenden Fragen heran und beantworte sie intuitiv und spontan, ohne darüber nachzudenken:

1. Was ist das *Aufbauendste*, was ich über mein Leben denken könnte?

———————————————————

———————————————————

———————————————————

2. Was ist das *Beste*, was ich bisher in meinem Leben geschafft habe?

_____

_____

_____

3. *Was sind die Eigenschaften*, die ich immer wieder als liebenswert und besonders von meinem Umfeld und Freunden gespiegelt bekomme?

_____

_____

_____

4. Was sind *meine besonderen Gaben*, die ich sehr an mir schätze?

_____

_____

_____

5. Was ist das *Kraftvollste*, das ich über mich selbst und meine Fähigkeit meine Ziele zu erreichen, glauben möchte?

_____

_____

_____

6. Notiere bitte alles, worauf du stolz auf dich selbst bist und WIE du das geschafft hast!

_____

_____

_____

Deine ehemaligen Erfolge, deine Talente, Stärken und positiven Erfahrungen in der Vergangenheit zeigen genau die Ressourcen auf, die in dir sind, um auch das nächste Level zu erreichen!

Du kannst und schaffst DAS, wenn du dich einfach dafür hier und jetzt dazu entscheidest, den Fokus genau darauf zu legen, was gut ist und simpel verstärkt werden möchte.

Kapitel 7
Universum und Tuniversum

„Dem Gehenden schiebt sich der Weg unter die Füße."
(Martin Walser)

Du weißt um dein Warum, hast deine Vision und wirst immer besser und besser darin, deine limitierenden Selbstgespräche mit kraftspendenden zu ersetzen? Dann ist das Wichtigste dein Handeln, welches von Anfang an, direkt nachdem du eine Entscheidung getroffen hast, sinnvoll ist! Handle so entschlossen und engagiert wie irgendwie möglich!

Deine besten Beweggründe und deine schönste Vision, gepaart mit Visualisierungen, können sich nur dann in die Materie manifestieren, wenn du wirklich aktiv und umsetzungsstark bist!

Die vorhergehenden Kapitel waren eine Vorbereitung. Quasi „das Sahnehäubchen", um dir Strategien zu bieten, mit einer entsprechenden Geisteshaltung deutlich effektiver und leichter Ergebnisse zu kreieren und dich dabei in einem bestmöglichen Zustand zu befinden, einem Zustand, in dem dir deine Schöpferkraft bewusst ist!

Deine Geisteshaltung und deine Aktionen sind wie zwei Seiten einer Medaille, die unabdingbar zusammengehören.

„Es ist nicht genug zu wissen – man muss auch anwenden.
Es ist nicht genug zu wollen – man muss auch tun. "
(Johann Wolfgang von Goethe)

Sicherlich ist dir bekannt, dass es im Network Marketing einige Grundfähigkeiten gibt, die regelmäßig und kontinuierlich durchgeführt einfach nur zum Erfolg führen müssen. Das ist erwiesen, erprobt und ebenso ein universelles Gesetz. Wer sät, der erntet und wer eine Ursache setzt, bekommt eine Wirkung!

Fakt ist aber auch, dass sowohl die Ernte als auch die gewünschte Ursache an Erfolgen, die aufgrund deiner Aktivität stattfinden, kaum zeitgleich stattfinden.

Persönlich liebe ich eine UMA, das ist eine *Umfassende und massive Aktion,* die ich direkt zu Beginn meiner Entscheidung zu starten angefangen habe und die dann im zweiten Schritt in einen Rhythmus an regelmäßigen Aktivitäten weiterging – bis heute!

Meine erste Einkommensmillion in meinem Netzwerk war dabei kein Grund mich zurückzulehnen, sondern einfach ein Meilenstein, für den ich tief dankbar war und der motiviert hat, weiterzumachen.

Aber fangen wir vorne an:

Wie kannst du leicht und schnell, mit ganz viel Freude eine UMA starten?

Indem du die Unterstützung deiner Upline (dein Sponsor, der- oder diejenige, die dich eingeschrieben hat) annimmst.

Bist du ein absoluter Beginner, dann macht es Sinn, dich anfangs nur auf eines zu konzentrieren: Interesse bei Menschen wecken für etwas, was dich total begeistert und wozu du sie einladen möchtest, es ebenso kennenzulernen.

Das war's – den Rest macht am Anfang deine Upline.

Vertraue und konzentriere dich darauf, so schnell wie möglich so viele Menschen wie möglich einzuladen.

„Darf ich dich einladen? Ich habe etwas kennengelernt, was mich total begeistert, und würde es dir ebenso sehr gerne vorstellen!"

„Bist du offen und hast du Lust, am soundsovielten mein Gast zu sein?"

A: „Worum geht es?"

Du: „Um eine Möglichkeit, dein Leben in allen Lebensbereichen spürbar auf ein besseres Level zu bringen. Gerade in diesen Zeiten ist es wichtiger denn je!
Ich glaube, dass du es lieben wirst – lass dich bitte einfach mal überraschen."

Keine Fachvorträge, keine tief gehenden Informationen – einfach nur einladen.

Du lernst im Gehen und verdienst beim Lernen. Spaß darf es machen und wohlfühlen dürft ihr euch auch!

Gefühle verkaufen – sei einfach du selbst und lösche die Emotionen und Gedanken von:

„Ich bin noch nicht so weit …
Ich muss erst dies und … das
Was denken die denn dann …
Was ist, wenn die nicht wollen …"

STOPP!
Zieh den Stecker.

Erinnerst du dich an deine Entscheidung, Verantwortung für deine Gedanken, Emotionen und hinderlichen Selbstgespräche übernehmen zu wollen?

„Wie willst du es haben?" ;-)

Ich verrate dir etwas: Vor jeder Einladung und vor jeder Präsentation stelle ich mir genau diese Frage. Es ist sehr effektiv und wirkt wie Magie, weil du mit diesem **inneren Lösungsfilm** direkt kreieren und manifestieren kannst.

Für die Menschen, die auf dein Produkt und deine Einkommensmöglichkeit warten (ohne dass sie es wissen), bereitest du dich auf deine bestmögliche „Empfangen-Frequenz" gewünschter Umstände vor.

„Switche" bewusst deine Gedanken auf Gewünschtes statt auf deine Ängste und Befürchtungen.

Die Angst ist nur ein Begleiter, der dir zeigt, dass du auf Wachstumskurs bist.

Die Frage ist einzig und allein, wer der „Chef in deinem Haus" ist.

Die Angst, die dich bremsen und in deiner gewohnten Komfortzone halten will, oder dein Mut und deine Entschlossenheit, weiterzuwachsen?

Ja, ich kenne auch immer noch eine gewisse Angst, besonders in Bereichen, wo ich Neuland betrete und noch nicht so sicher bin. Für mich ist eine Herausforderung, mein Schul-Englisch wieder hervorzuholen und mich damit „un-perfekt" für den englischsprachigen Markt zu präsentieren oder gar auf großen online Events zu sprechen.

Ich nenne das gerne „Hose-voll-Modus" …

Mit einem klaren Bild von „WOZU MACHE ICH DAS HIER EIGENTLICH?", gehe ich hindurch und es wird jedes Mal ein Stückchen besser und besser und die Angst kleiner und kleiner.

Die Erfolge werden dir recht geben, wenn du bereit bist, den Preis zu zahlen!

Der Preis ist, deine Komfortzone auszudehnen, aktiv zu werden und einfach mal zu machen!

Mache fangen nie richtig an, weil die Angst vor dem vermeintlichen Versagen und die Angst vor vermeintlicher Ablehnung so groß ist.

Kennst auch du das Gefühl?

Du kannst das Geschenk dahinter sehen und dich daraus befreien, indem du dir selbst immer und immer wieder sagst:

Ich nehme mich selbst an und stehe ab sofort zu meiner Größe, Kompetenz und Ausstrahlung. Ich genieße dieses Gefühl ☺

Andere stagnieren, gerade WEIL sie sich ein sehr hohes Ziel gesetzt haben und die Kluft zwischen dem, wo sie gerade sind, und dem, wo sie hinwollen, unüberwindbar erscheint.

Sie überfordern sich mit dem Gedanken, alles jetzt und sofort bewältigen zu müssen und ganz schnell schaffen zu wollen.

Entspann dich, wenn es dir genau so geht!

EIN/E UNTERNEHMER/IN DER NEUEN ZEIT weiß, dass alles seine Zeit hat und alles einem gewissen Rhythmus folgt.

Ebbe und Flut, Saat und Ernte, Herbst und Sommer.

Wichtig ist einfach nur, DASS du einen Rhythmus etablierst und die Magie der regelmäßigen kleinen Schritte umsetzt.

Eine sehr erfolgreiche Karriere fängt mit dem ersten Schritt an, dann der zweite ... step by step. In entspannter Gelassenheit und dennoch mit laserscharfem Fokus hältst du dein Ziel im Blick und bewegst dich beständig darauf zu!

Ich möchte dir dazu gerne eine persönliche Geschichte erzählen: Zurzeit befinde ich mich in einer wunderschönen Unterkunft im Tessin, direkt an der italienischen Grenze, um mit Ruhe dieses Buch fertigzustellen.

Ein zauberhaftes Panorama über dem Lago Maggiore, Palmen und Bergspitzen erfreuen mich hier jedes Mal, wenn ich nach draußen blicke und mein Herz hüpft hier regelrecht. Die Sache hat nur einen „Haken". Ich bin alleine, ohne Auto und die Wohnung ist sehr weit oben auf einem Berg. Mein sportlicher Ehrgeiz verbietet mir, einen Bus oder ein Taxi zu nehmen, um täglich wenigstens einmal runter ins Tal und direkt ans Wasser zu gehen. Was nun?

Der See lockt und ich frage mich, ob ich bereit bin den Preis zu zahlen, um im Schweiße meines Angesichts später wieder hochzukraxeln. Uff …

Hast du eine Ahnung, was das für eine Norddeutsche bedeutet, die absolutes Flachland gewohnt ist?

Natürlich gehe ich, weil die Bewegung guttut, ich neue Blickpunkte bekomme und hinterher stolz auf mich bin, mich aufgerafft zu haben.

Du merkst sicher, dass ich dir hier eine Metapher im Hinblick auf dein Business gebe.

Vor dem Rückweg fluche ich immer innerlich, puste manchmal sehr hörbar und halte oft an. (Ja, meine Kondition könnte besser sein.)

Beim Innehalten und Pausieren hilft es mir wirklich sehr, zurückzuschauen. Zurück auf das, was schon hinter mir liegt und bewältigt ist.

Ich schaue nicht nach oben, wie weit es noch ist, sondern gehe Schritt für Schritt weiter. Halte an, schaue zurück und freue mich über das bisherige Ergebnis.

Wow – fast geschafft … weiter geht's.

Ich bin gespannt, ob ich in einigen Tagen ohne Pause leichtfüßig hochklettern kann. „Übung macht den Meister, gell?"

Ist es nicht genauso im Network Marketing? Erkennst du Strategien, die du auf deinen Weg übertragen kannst?

Schau zurück auf das, was du in deinem bisherigen Leben schon geschafft und erreicht hast!

Du weißt aufgrund deiner Erfahrung, dass jede Reise mit dem ersten Schritt beginnt und du immer ankommen wirst, wenn du dranbleibst.

Feiere dich, lobe dich und gönne dir Pausen, wo du einfach BIST und genießt! Dein Leben und die Früchte deines Wirkens.

So wird dein Erfolgsweg eine reine Freude und oben angekommen bist du ein inspirierendes und ermutigendes Vorbild für andere!

Es geht nicht nur um Dich!

Es geht darum, was für Spuren du hier hinterlassen wirst und für wie viele Menschen du eine Inspiration und Unterstützung sein kannst!

Fang einfach nur bei dir an und nimm dich beim Wort.

„Ich denke, dass es etwas Wichtigeres gibt als Glauben. Handeln! Die Welt ist voller Träumer; es gibt nicht genug Menschen, die voranschreiten und konkrete Maßnahmen in Angriff nehmen, um ihre Vision zu verwirklichen."
(W. Clement Stone)

Kapitel 8
Umsetzungsstärke im „Let it flow"-Modus

Ich liebe diese Art des Handelns – *„Let it flow ".*

Damit meine ich einen *Zustand der entspannten Gelassenheit, gepaart mit laserscharfem Fokus.*

Das geht, und zwar sehr gut.

Was ist dabei eine wichtige Voraussetzung und empfehlenswert für dich? Du brauchst ein klares Bild und Verständnis deiner kurzfristigen 30-, 60-, 90-Tage Ziele und deines mittelfristigen 6-12-Monats-Ziels.

Kennst du die nächsten Ränge auf der Karriereleiter deiner Company und weißt du, was genau dafür zu erreichen und zu tun ist?

Check simpel die Fakten, damit du dich darauf überhaupt zubewegen kannst und dein Handeln eine definierte Richtung bekommen kann! Diese Transparenz und Klarheit wird einiges erleichtern.

Schreibe sie auf, erzähle deinem Sponsor und den Menschen, die du liebst, davon und bitte sie um Unterstützung. So hängst du sie nicht ab, sondern integrierst sie direkt in deine Vorhaben.

Sehr bewährt hat sich in meinem Team und bei mir das gemeinsame Kleben eines „Vision Boards".

Es ist zu einem teambildenden Ritual und echter Freude und Gewohnheit geworden, mindestens zu

Jahresbeginn eine Art visuelle Zielcollage zu erstellen. Du nimmst dazu ein großes Stück Pappe und einen Stapel bunter Zeitschriften. Schaffe dir einen entspannten Rahmen mit Klebstoff, Schere und fang an, genüsslich durch die Zeitschriften zu blättern. Die Bilder, positiven Schlagzeilen und von dir exakt terminierten, schriftlich formulierten Ziele kannst du auf dein Board kleben.

Somit erhältst du ein kraftvolles Visualisierungstool, um tagtäglich dich selbst und besonders dein Unterbewusstsein an deine Träume, dein Warum und konkreten Ziele zu erinnern.

Ich liebe dieses Hilfsmittel. Es ist magisch!

Das Universum bekommt sozusagen einen bildhaften Auftrag, was es dir liefern darf. Dein Unterbewusstsein wird mit Bildern stimuliert, um kreativ zu werden, genau diese Zustände und Dinge zu manifestieren.

> *Eine entspannte Gelassenheit, gepaart mit laserscharfem Fokus.*

Dazu noch ein möglichst hoch gestecktes Ziel.

Sicherlich fragst du dich jetzt, wie das bitteschön zusammenpassen soll. Zumindest höre ich diese Frage häufiger von meinen Vertriebspartnern.

Die Magie der regelmäßigen kleinen Schritte ermöglicht dir diese entspannte Gelassenheit.

Sobald du wirklich täglich deinen Fokus auf die vorwiegend *einkommensproduzierenden Aktivitäten* (= EPAs) legst, kommst du unweigerlich in diesen Zustand.

Diese EPAs sind:

Kontakte machen und aufbauen – Einladen – Präsentieren – Nachfassen – Kontakte pflegen ...

Das sind deine täglichen Minischritte. Genau diese bringen dich weiter. Immer wird irgendwo etwas in Bewegung sein und niemals kommst du so in die Falle darauf zu warten, ob sich jemand „endlich" bewegt. Du gehst voran, weiter, entfachst Sog und führst einfach durch deine Vorbildfunktion.

Weißt du, deine (zukünftigen) Teampartner sind das ehrlichste Spiegelbild deiner Selbst. Was genau möchtest du denn, was sie nachmachen und duplizieren sollen?

Zeige es und lebe es vor. So bist du effektiv, glaubhaft und der Erfolg wird dir entspannte Gelassenheit ermöglichen.

Eine meiner Erkenntnisse der letzten Monate ist, dass es in dieser Zeit bei den meisten Menschen nicht darum geht, noch mehr in den Tag und in die Woche zu packen, sondern genau das Gegenteil ist von Nöten.

Überall gibt es gratis Content, Verlockungen, Zerstreuungen. An jeder Ecke wartet eine neue scheinbare Gelegenheit, schnell reich zu werden, und dazu kommt, dass sich viele mit einfach viel zu vielen Projekten überfordern und verzetteln.

Effektiv sein und einen laserscharfen Fokus halten heißt für mich, bewusst LOSZULASSEN und zu SONDIEREN!

Die immerwährende Aussage: „Ich habe keine Zeit, weil ..." ist für mich ehrlich gesagt nur eines: keine klare Priorität, bzw. eine Priorität, die woanders liegt.

Ich kenne die tollsten Frauen, wie zum Beispiel Marion Fiegl, die trotz sechsköpfiger Familie, Haushalt und Beruf sehr erfolgreich in ihrem Netzwerk sind. Warum? Sie haben einfach einen echten Beweggrund, um die Priorität auf das zu legen, was ihnen persönlich wichtig ist. Sie wissen, dass sie mit Network Marketing nicht nur etwas für sich ganz persönlich, etwas Eigenes, aufbauen. Sie schaffen einen Wert, von dem ihre Kinder noch Jahre, bestenfalls über Generationen hinweg Früchte ernten können und ein leichteres Leben genießen können.

Die ersten vier Jahre in meinem jetzigen Network-Leben, habe ich, trotz meiner Selbstständigkeit und eines 22 Mitarbeiter starken Praxisteams, trotz online-Coaching-Aktivitäten, Kindern, Ehe,

Haushalt, Elternfürsorge, nebenberuflich Raum und Zeit geschaffen, um hier etwas Großes aufzubauen.

Warum?

Weil ich einen brennenden Beweggrund hatte!

Meine Freiheit.

Die Freiheit örtlich, zeitlich und wirtschaftlich komplett frei sein zu wollen.

War es immer einfach?

Nein!

Ist es den Preis und die Extrameile wert?

Oh ja!!!!

Stell dir immer wieder diese Frage:

„Was willst du wirklich? Was bist du bereit dafür zu tun und wann willst du es in welchem Ausmaß umsetzen?"

Wie wäre es, du würdest dich einfach auf die eine große Sache fokussieren und diese zu Ende führen, bis du da bist, wo du hinwillst?

An dem Tag, wo ich gesprungen bin und 100% alles losgelassen habe, was meine vorherigen 28 Jahre berufliche Laufbahn als selbstständige Physiotherapeutin & Coach ausgemacht hatten, kam der Durchbruch.

Schon im ersten Jahr der hauptberuflichen Tätigkeit – und das in Coronazeiten – habe ich gemeinsam mit meinem fantastischen Team mit 145.000,00 € *Wochenumsatz* den *Liteone Rang* erreicht. Als bisher einzige und weltweit erste Frau. Dieses Ziel stand übrigens auf meinem LifeCycle Plan ;-)

Effektiv und fokussiert sein heißt entscheiden, was du loslassen willst!

Kapitel 9
Loslassen und Platz für Neues

Deine Zeit und dein Energielevel sind deine wichtigsten Ressourcen, die du in deinem Netzwerkaufbau hast!

Die meisten Networker starten nebenberuflich ihr Business und haben dafür nur ein begrenztes Zeitfenster zur Verfügung. Realistisch betrachtet brauchst du wenigstens 5 bis 15 Stunden pro Woche, um wirklich Ergebnisse kreieren zu können. Je mehr, desto besser!

Dabei kommt es entscheidend darauf an, *womit* du deine wertvolle Zeit verbringst.

1. EPAs (Fokus A-Aufgaben):
   Einkommensproduzierende Tätigkeiten, z. B. Menschen einladen, dein Angebot präsentieren und den Abschluss machen. Dann diesen Prozess duplizieren durch deine Führung und Vorbildfunktion.

2. Pflichtaufgaben (B-Aufgaben):
   Dein noch vorhandener Hauptjob und deine Pflichten rund um Familie und Kinder (sofern vorhanden).

3. Routine C-Aufgaben:
   Administrative, bürokratische Dinge, wie Buchführung und Ablage. Aber auch Dinge wie Haushaltsführung, Gartenarbeit, Auto-

wäsche und andere Routine-Aufgaben, die keine absolut wichtige, dringliche, punktgenaue Notwendigkeit haben und delegierbar sind.

4. Spaß und Erholung (Me-Time):
    Dies ist das Zeitfenster, das meiner Meinung nach gerade für NetworkerInnen elementar wichtig ist! Du brauchst Zeiten der Erholung und der Freude, nicht nur um energetisch in deinem satten Zustand zu bleiben, sondern auch, weil du die besten Kontakte gerade in diesen „Me-Time-Genusszeiten" machen wirst. Wann haben wir denn die besten Ideen? Wenn wir loslassen und uns treiben lassen, oder?
    Erfolg folgt der Freude und Leichtigkeit.
    Kultiviere diese Freude, indem du dir ganz bewusst Zeit dafür einplanst! Du bist der Schöpfer deiner eigenen Realität – auch was deine Zeitorganisation anbelangt!

Übung 1:

Trage auf den nächsten Seiten wertfrei deinen momentanen IST-Zustand anhand der oben aufgeführten Beschäftigungsfelder ein.

Sei bitte ehrlich mit dir selbst, um glasklar erkennen zu können, wofür du in der Woche *WIRKLICH* deine Zeit verbringst.

Fertig?

Gut, nun schaue mit neutralem Blick auf deinen IST-Zustand und die bunten Zeitfenster.

Was fällt dir auf?

Ist deine momentane Wochenplanung kongruent zu deinen Zielen, gerade in deinem Networkaufbau?

Wie viele *rote Fokus-* und *grüne Me-Time-* Felder verbringst du *WIRKLICH* Woche für Woche, besser, Tag für Tag?

Übung 2:

Bitte trage nun die Zeiten für deinen SOLL-Zustand ein. Trau dich, dein Optimum zu kreieren! Erst dann kann dein Unterbewusstsein aktiv werden und nach Lösungen suchen WIE du deinen *SO-SOLL-ES-SEIN-ZUSTAND* erreichen kannst.

Fertig?

Wie sieht nun bald möglichst deine optimale Zeitorganisation aus, die deinen wahren Lebenszielen entspricht?

Übung 3:

Brainstorme: *WIE* kann es gehen, dass du deine *Pflichtaufgaben* und *Routineaufgaben* reduzierst, um mehr *Me-Time* und *Fokuszeiten* gewinnen zu können?

Hab Freude am Prozess, das Leben deiner Träume zu gestalten!

Deine Zeitorganisation (Ist – Zustand)

Zeit	Montag	Dienstag	Mittwoch	Donnerstag	Freitag	Samstag	Sonntag
6:00 Uhr							
7:00 Uhr							
8:00 Uhr							
9:00 Uhr							
10:00 Uhr							
11:00 Uhr							
12:00 Uhr							
13:00 Uhr							
14:00 Uhr							
15:00 Uhr							
16:00 Uhr							
17:00 Uhr							
18:00 Uhr							
19:00 Uhr							
20:00 Uhr							
21:00 Uhr							
22:00 Uhr							

Trage bitte ein, wann Du wie viel Zeit für welche Tätigkeit verwendest. **Nutze dabei unterschiedliche Farben** für Focus(A-Aufgaben), Pflicht(B-Aufgaben), Routine(C-Aufgaben) und Spaß und Erholung, "Me-Time".

Frage dich: Wie viel Zeit nehme ich mir für mich? Wofür hätte ich gerne mehr Zeit? Welche Zeitfresser machen keinen Spaß? Wie kann ich diese Zeitfresser anders organisieren, um mehr Freiräume zu erhalten?

www.bettina-mersmann.de

Deine Zeitorganisation (Soll- Zustand)

Zeit	Montag	Dienstag	Mittwoch	Donnerstag	Freitag	Samstag	Sonntag
6:00 Uhr							
7:00 Uhr							
8:00 Uhr							
9:00 Uhr							
10:00 Uhr							
11:00 Uhr							
12:00 Uhr							
13:00 Uhr							
14:00 Uhr							
15:00 Uhr							
16:00 Uhr							
17:00 Uhr							
18:00 Uhr							
19:00 Uhr							
20:00 Uhr							
21:00 Uhr							
22:00 Uhr							

Definiere wie deine optimale Zeitorganisation aussieht und trage diese oben ein. Benutze wieder verschiedene Farben für Focus(A-Aufgaben), Pflicht(C-Aufgaben), Routine (C-Aufgaben), Spaß und Erholung, "Me-Time". Bedenke dabei deine persönliche Leistungskurve!

www.bettina-mersmann.de

91

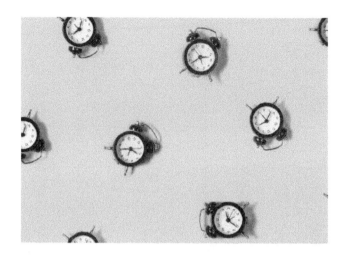

RAUS-LISTE
SYSTEMISCHE MÜLLABFUHR

Deinen Umgang mit der Zeit kannst du sicherlich step by step so optimieren, dass du deutlich fokussierter, effektiver, erfolgreicher und gleichzeitig entspannter und gelassener bist.

Wie sieht es aber mit deinen „Energieräubern" in deinem Leben aus?

Alles ist Energie.

Je besser du energetisch aufgestellt bist, umso erfolgreicher wirst du sein.

Übung:

Bitte nimm dir etwas Zeit und Ruhe. Trage auf der nächsten Seite spontan und wertfrei die *Dinge* in deinem Lebensumfeld ein, die dir Kraft rauben.

Schau dich einmal bewusst in deinem Arbeitszimmer, Wohnzimmer, in jedem einzelnen Raum, um. Welche Gegenstände machen dich glücklich? Welche belasten dich?

Ordnung im Außen schafft Ruhe im Innen

Tätigkeiten:

Gehe in Gedanken deine Tätigkeiten, denen du nachgehst, durch. Welche Tätigkeit beflügelt dich? Welche macht dich müde und kostet dich enorme Zeit und Kraft?

Gewohnheiten:

Gibt es Gewohnheiten, die du dir angewöhnt hast, von denen du weißt, dass sie dich schwächen? Prüfe deine Ernährungs- und Bewegungsgewohnheiten, deinen Schlafrhythmus, deinen Umgang mit Genuss- und Kompensationsmitteln. Schreibe es wertfrei auf.

Menschen / Raum vergrößern:

Mit welchen Menschen in deinem Leben verbringst du gerne Zeit? Vielleicht auch, weil du dich nach einem Kontakt mit ihnen mindestens genauso stark fühlst wie vor dem Kontakt? Bei welchen Menschen in deinem Leben ist es genau umgekehrt?

Bewerte nicht, aber schreibe die Namen auf, die dir spontan in den Sinn kommen.

Keine Sorge: Es geht nicht darum, diesen Menschen Lebewohl zu sagen. Sehr wohl aber empfehle ich dir eine Überlegung, ob du dir wieder mehr Raum gibst und den Abstand energetisch und kommunikativ vergrößern kannst.

RAUS-LISTE
SYSTEMISCHE MÜLLABFUHR
Dinge/Gegenstände:

Tätigkeiten:

Gewohnheiten:

Menschen/Raum vergrößern:

Kapitel 10
Intuitives Handeln

Ich möchte diesem Thema ganz bewusst ein eigenes Kapitel widmen, weil es für mich als Verständnis eines NETWORKING DER NEUEN ZEIT elementar ist, die Intuition zu nutzen.

Struktur – Ziele – Umsetzungsstärke – alles ist wichtig.

Wertvollste Geschenke in Form von Seelenimpulsen zu erhalten, ist pure Magie. Botschaften deiner Intuition wahrzunehmen und den Mut ihnen wirklich zu folgen und zu vertrauen. Das ist wahre Meisterschaft!
Was ist denn genau die Intuition und was hat sie mit deinem Business zu tun?
Lass mich etwas ausholen.

„Die Intuition ist ein göttliches Geschenk, der denkende Verstand ein treuer Diener. Es ist paradox, dass wir heutzutage angefangen haben, den Diener zu verehren und die göttliche Gabe zu entweihen."
Albert Einstein

Albert Einstein bezeichnet also die Intuition als eine göttliche Gabe.

Wenn wir doch alle „Kinder Gottes sind", heißt es dann nicht im Umkehrschluss, dass die Intuition unserem wirklichen Ursprung, unserer Essenz, entspringt?

Manche nennen die Intuition auch den sechsten Sinn oder einfach Bauchgefühl. Für mich persönlich sind es Seelenimpulse und mein innerer Kompass. Meine feinstoffliche, geistige Führung aus der Metaebene, die mit leisen Tönen Impulse für den richtigen Weg gibt. So oft schon durfte ich reale Bestätigungen in meinem Leben bekommen, wenn ich trotz eines schlechten Bauchgefühls etwas gemacht habe, was sich dann wirklich als falsch erwiesen hat. Umgekehrt natürlich auch!

Immer und immer wieder. Mittlerweile ist die Intuition mein wahrer Kompass in meinem Leben, nicht mehr der Kopf. Erst fühlen, dann verstandesmäßig prüfen – ein magischer, wunderbarer Weg, der voller zauberhafter Überraschungen ist.

Wie sieht es aber bei den meisten Menschen in der Realität aus – wie sieht es bei dir aus?

Die Welt ist schnelllebig, getrieben, hektisch, reizüberflutet und laut. Die Welt ist zahlen- und verstandgetriggert und das hat Einfluss auch auf uns.

Wir denken, zer-denken, grübeln von früh bis spät. Wir überlegen rationale Erfolgsstrategien und genau an diesem Punkt möchte ich dich ermuntern:

Um-zufühlen!
Nachzuspüren!

Nimm Zeichen auf deinem Weg wahr. Zeichen in Form von Synchronizitäten, die sich verdichten und dich immer wieder auf eine bestimmte Idee, einen bestimmten Menschen oder Ort hinweisen.

Das kann pragmatische Auswirkungen besonders auch in deinem Business haben, wenn du darum bittest, diese Impulse gut wahrzunehmen. Meine Partner und ich, die regelmäßig ihre Bewusstseinskosmetik nutzen, erleben glücklicherweise alleine dadurch eine deutlich stärker werdende Intuition.

Vertraut diesen feinen Botschaften – sie sind ein Segen!

Die schönste Erfahrung damit durfte ich vor Jahren machen, als ein starker innerer Impuls in mir war, Renate Ludwig zu kontaktieren, eine Frau, die ich Jahre nicht gesehen und dazu auch früher nur flüchtig und kurz kennengelernt hatte. Ohne zu zögern bin ich dieser Intuition gefolgt, habe ihr eine kurze Nachricht per Messenger auf Facebook geschrieben und gefragt, wie es ihr geht. Ob sie beruflich fest im Sattel sitzt oder offen für etwas Neues ist.

Ob du es glaubst oder nicht. Sie hatte gerade in dieser Phase Monate nach einem Sponsor gesucht und sogar jemanden aktiv kontaktiert, der sich aber nie zurückgemeldet hatte.

Synchronizitäten und Führung vom Feinsten. Die schönen „Zufälle" des Lebens, die für mich ein Wink des Schicksals sind.

Renate Ludwig ist heute eine liebe Freundin, die ich sehr schätze. Sie ist eine meiner Top Leaderinnen mit einem großartigen, erfolgreichen Team.

Intuition.
Gib ihr mehr Raum, indem du DIR selbst Raum, Ruhe und Zeit für dich nimmst!

Zeit allein mit dir, ohne Verpflichtungen. Das kann ein Spaziergang in der Natur oder einfach nur meditatives Sitzen auf einem bequemen Stuhl sein. Suche bewusst und gezielt solche Momente, gerade wenn es unsicher und fordernd im Außen ist.

Einfach nur Sein! Und dann folge den aufkommenden Impulsen und schau mal, was passiert ;-)

Kapitel 11
Kultur der Wertschätzung und Anerkennung

Menschen lieben Anerkennung. Sie hungern danach. Fast alles, was wir im Leben anstellen, tun wir bewusst oder unbewusst, um auf irgendeine Art Anerkennung zu bekommen.

Ich könnte auch sagen: Anerkennung bekommen oder geben ist ein ähnliches Gefühl wie geliebt werden oder zu lieben. Da sieht dich jemand – du wirst gesehen. Du siehst jemanden – er fühlt sich gesehen, wertgeschätzt und anerkannt durch deine Aufmerksamkeit!

Als Kind haben das zumindest die meisten erfahren und mit zunehmendem Alter wurde die „Anerkennungsluft" schon dünner. Sie ist mehr der Kritik von außen gewichen. Durch die Korrekturen, die Noten, die Verbote und Gebote, wie du etwas tun, lassen oder besser machen solltest, stimmt's?

Biste was, haste was. Tust du was, biste was.

Salopp gesagt ist das die herkömmliche Gangart in vielen Lebensentwürfen.

Alljährlich zur Weihnachtszeit erinnern sich viele an die Bedeutung der Liebe und leben das Bedürfnis, Wertschätzung und Anerkennung auszudrücken dadurch aus, dass sie sich bestenfalls Gedanken machen, wie wir eine wirkliche Freude machen können.

Wie wäre es, bewusst und so oft es geht, eine neue Anerkennungskultur einzuführen?

Laut einer Umfrage von 2014/Kraftwerk wünschen sich 9 von 10 Mitarbeitern in klassischen Betrieben mehr Wertschätzung. Bleibt sie aus, geht die Motivation runter.

Tiefe Spuren bis hin zu depressiven Verstimmungen und Burnout Zuständen aufgrund einer innerlich empfundenen Diskrepanz zwischen dem Aufwand und Outcome können auftreten.

Die Einsatzbereitschaft und innere Identifikation mit deiner Firma und dem Team sinkt.

Wen wundert es da, dass wir so sehr dieses Gefühl, gesehen zu werden, brauchen und suchen? Gerade wenn wir wissen, dass im Körper und Geist ein ganzes Feuerwerk an positiven Ereignissen dadurch ausgelöst wird. Die Ausschüttung von Dopamin, Opiaten, ein erhöhter Oxytocin-Spiegel. Körpereigene, stimmungsanhebende Botenstoffe werden freigesetzt.

Wie kannst du dieses Wissen nun für dich nutzen, um dich und dein Team aufzubauen? Regelmäßig, aufrichtig und nicht nur zu Weihnachten?

Es ist wirklich ein Herantasten und ein sich Einlassen darauf, bewusst mehr Wertschätzung gerade für die kleinen, unscheinbaren Dinge auszudrücken. Besonders dann, wenn du, so wie ich, auch nicht gerade gewohnt bist von Kindesbeinen darin baden zu können.

Wenn du gewohnt bist, funktionieren zu müssen, weil „ein Indianerhäuptling keinen Schmerz und kein Gefühl kennt" und weil ausbleibender Tadel schon das höchste Lob ist, dann will diese neue Gewohnheit wirklich geübt werden.

Ein Dimensionswechsel in dieser entstehenden neuen Zeit ist meiner Vorstellung nach geprägt durch das Erblühen der Liebe, des All-Eins-Seins und des Bewusstseins, dass alles, was du aussendest, zu dir zurückkommt.

Was liegt da näher, als als erstes einmal bei dir selbst anzufangen und dir selbst die Wertschätzung, Liebe und Anerkennung zu zollen. Einfach nur, weil du BIST! Grenzenlos, mächtig, wunderbar, unendlich, strahlend. Die reinste Form der inkarnierten Liebe in Person – spürst du das?

Du musst dafür nichts leisten, nichts beweisen, nicht ackern und rackern und keine Pokale gewinnen. Die Liebe, DU, bist einfach und die Liebe, DU, bist mehr als gut genug!

Du darfst dir aber erlauben nach all dem zu streben, was dich glücklich macht und erfüllt. Reichtum, schöne Kleidung, gutes Essen, tolle Autos und Reisen – was auch immer du er-leben möchtest. Du darfst dir das erlauben, weil genug für alle da ist und niemandem dadurch etwas genommen wird.

Was macht dich erst einmal rund, sodass unabhängig von äußeren Dingen du dich selbst mehr wertschätzt und anerkennst?

Als (angehende/r) Leader/in brauchst du diese Selbstfürsorge (Anpassungsfähigkeit). Du bist der Leuchtturm, du spendest Licht auf dem Weg, weil du einen Schritt weitergegangen bist als diejenigen, die nach dir kommen. Du wirst als Leader nicht überhäuft mit positiven Nachrichten. Oft wird das Gegenteil der Fall sein. Als Experte im Umgang mit persönlichen Herausforderungen deiner Teampartner, Umstellungen in deiner Company, dazu dein eigenes Privatleben mit all den Themen wird es nicht einfach sein. Du brauchst für dich selbst eine Kultur der Selbstliebe und der Wertschätzung.

Geben kannst du nur, was in dir ist!

Bist du selbst im Mangel, ist Frust und Erschöpfung vorprogrammiert.

Eine Führungspersönlichkeit, die selbst „hungert" und bedürftig ist, fühlt sich in ihrem Ego bedroht, weil sie denkt, dass ein ausgesprochenes Lob die eigene Kompetenz in Frage stellt.

Was für ein Trugschluss!

Alles, was du aussendest, kommt zu dir zurück.
Alles!
   Ein Team, welches mit aufrichtiger, wachstums-
fördernder Wertschätzung miteinander umgeht.
   Ist das nicht ein Traum?

Schau doch bitte einmal, um wieder bei dir selbst anzufangen, welche Gedanken dir hier spontan in den Sinn kommen.

Was begeistert mich in meinem Leben zurzeit am meisten?

_____

_____

_____

_____

Wen liebe ich, wer liebt mich?

_____

_____

_____

_____

Wessen Tag habe ich bereichert?

_____

_____

_____

_____

Worüber habe ich mich von Herzen gefreut?

_____

_____

_____

_____

Wonach sehne ich mich schon lange, was ich mir endlich erlauben sollte?

_____

_____

_____

_____

Wann habe ich mich das letzte Mal so richtig ge-liebt und rundum wohl gefühlt?

_____

_____

_____

_____

Was kommt mir spontan in den Sinn, wie ich meinem Körper zeigen könnte, wie wohl ich mich in ihm fühle?

_____

_____

_____

_____

Ein großes Lob möchte ich dir aussprechen ☺

Sicherlich hast du einiges niedergeschrieben, um nun noch achtsamer mit dir selbst umzugehen und Glücksgefühle kreieren zu können.

Nun möchte ich dir einige praktische Tipps im Umgang mit deinen Teampartnern, aber natürlich auch übertragbar auf deine persönlichen Lebensbereiche und Beziehungen geben.

Es ist so wertvoll und erst recht entwicklungsfördernd, wenn du es schaffst, frei von Erwartungen, Druck und Kritik im Umgang mit deinen Menschen zu sein.

Drücke Dankbarkeit, Respekt und Anerkennung aus, wo immer du kannst und zeige diese auf die unterschiedlichste Art und Weise. Teile mit, warum genau du XY schätzt, und artikuliere das an einem konkreten Beispiel. Honoriere großzügig besondere Leistungen und feiere mit deinen Schlüsselpartnern.

Das kann ein Überraschungspaket, ein Blumen-
strauß, ein tolles Abendessen gemeinsam mit dir
sein.

Verschenke deine Zeit, indem du einfach mal
fragst, wie es ihm persönlich geht. Zeige, dass du
die Menschen siehst, die dir wichtig sind!

Sei dabei ohne Berechnung, sei bedingungslos.

*Alles, was du gibst, kommt zig-fach zu dir zurück.
Bist du in der Fülle, kommt die Fülle. Bist du in
der Liebe, säst und erntest du einfach nur Liebe.*

Ein Teamspirit, dessen Geist getragen ist von dieser Liebe und Dankbarkeit, miteinander in diesem
Leben zu wachsen und im Gehen lernen zu dür-
fen. Das ist für mich Network in der schönsten
und reinsten Form!

Auch hier sind es nur die kleinen, regelmäßigen
Schritte, die uns besser und besser im Umgang
und in der Kommunikation miteinander werden
lassen. Beziehungsmarketing lebt von dieser Be-
ziehungsebene und bei weitem sind nicht alle
Menschen nur des Geldes wegen im Network. Die
meisten suchen genau nach dieser Energie in diesem Lern- und Wachstumsfeld, die eine Art Lebensschule sein kann.

Kapitel 12
Dankbarkeit dein Manifestationsbeschleuniger

Dankbarkeit

... ist der Schlüssel, der alles verändert und zum Strahlen bringt.

Mit den Augen der Dankbarkeit betrachtet, gleicht unser ganzes Leben einem Entfaltungsprozess, einem Wunder und Geschenk der Möglichkeiten.

Dankbarkeit
- verstärkt, das was da ist und was du dir wünschst,
- schärft deine Sinne für das Wesentliche.
- Sie macht glücklich und holt dich aus dem Verstand in deine Herzens Energie.

Diese Geisteshaltung ist der Nährboden für Liebe, Glück, Erfolg, Schönheit und Gesundheit. Sie zieht an, wirkt wie Magie in deinem Leben und lässt alles wie auf wundersame Weise zu dir strömen, was du schätzt, achtest, liebst, erkennst und dadurch verstärkst.

Sehr oft in meinem Leben habe ich bewusst ein Gefühl der Dankbarkeit genährt und empfunden. In den schweren Momenten, in Zeiten der Trauer und des Verlustes gibt sie mir Kraft zurück und lässt erkennen, was da ist und war, statt in die Traurigkeit zu verfallen.

In Zeiten der Umbrüche und Veränderungsprozesse lässt die Dankbarkeit mein Herz weit werden, hilft, aus der Verstandesangst herauszutreten und mein Vertrauen zu nähren.

Besinnst du dich auf die Dinge in deinem Leben, die wunderbar laufen, so nährst du bewusst dieses aufbauende Gefühl und kommst Schritt für Schritt in eine höhere Schwingung.

Einige Fragen darfst du dir selbst stellen, um ganz bewusst die Perlen in deinem Leben zu ent-decken:

- Was funktioniert und läuft sehr gut in deinem Leben?

_____

_____

_____

- Welche Talente und Begabungen hast du ge-schenkt bekommen?

_____

_____

_____

- Was liebst du besonders an deinem Business?

_____

_____

_____

- Für welche Erfolge bist du besonders dank-bar?

_____

_____

_____

- Welche Menschen sind in deinem Leben, die dich fördern und fordern?

_____

_____

_____

- Welche klitzekleinen Momente verzaubern und erfreuen dich?

_____

_____

_____

- Die Tatsache, dass du morgens gesund aufstehst, ein Dach über dem Kopf, Kleidung und genug zu essen hast?

_____

_____

_____

Jede noch so kleine „Selbstverständlichkeit", die du in deinem Leben hast, darf gewürdigt werden.

Gibst du diesen Gefühlen und Gedanken Raum, wird dein Herz vor Dankbarkeit und Freude überfließen, deine Zuversicht gestärkt und immer mehr wunderbare Dinge werden in dein Leben gezogen.

Die Erfahrungen, die du machen durftest, sie alle haben ihren Wert, egal, wie schön oder schmerzhaft sie waren.

Das Leben ist ein nie endender Prozess der Entfaltung deines höchsten Selbst, deiner besten Version von dir selbst.

Sei dankbar für dein Leben und die vielfältigsten Erfahrungen und Erlebnisse, die du geschenkt bekommen hast.

Tief dankbar bin ich täglich für diese wunderbare Chance, die mir vor Jahren gegeben wurde und die ich gerne teile. Dankbar darf ich ein komplett zeitlich, räumlich und wirtschaftlich unabhängiges Leben führen, umgeben von Menschen, die mir tief ans Herz gewachsen sind.

Gemeinsam setzen wir uns für eine hochschwingende, sehr wertige Sache ein.

Teamwork makes the dream work!

Dankbarkeit ist dein „Manifestationsbeschleuniger".

Danke, dass du, lieber Leser, dich auf dieses Buch eingelassen hast. Ich wünsche dir von Herzen, dass deine kühnsten Träume sich erfüllen mögen und du die Kraft findest, den Weg dahin zu gehen.

Du weißt nun, dass du der Schöpfer deiner Lebensumstände bist und sich alles verändern und verbessern kann. Auf eine Art, die dich zu Orten tragen kann, die du dir in deinen kühnsten Träumen kaum vorstellen kannst.

Nutze die Kraft des Network Marketing und die Hebelwirkung, um mit deiner großen Vision weltweit nicht nur die Herzen der Menschen zu berühren, sondern auch Tausenden eine Inspiration zu sein, ein besseres Leben zu führen!

Denke größer – viel GRÖSSER.

Dehne dich in deinem Geist aus und sei mit Freude eine umsetzungsstarke Führungspersönlichkeit, die ein Leuchtturm für ihr Team ist und durch Vorbildfunktion authentisch führt.

„Ein Team von Menschen, die ein gemeinsames Ziel verfolgen, kann die Welt verändern."
(Wolfram Andes)

Wie willst du es haben?
Danke
Danke
Danke – es ist geschehen!

Deine Bettina Mersmann

Nachwort

Über die Autorin
Bettina Mersmann ist bislang weltweit die erste &
einzige weibliche Top-Leaderin (Lite One) einer
internationalen Network Marketing Firma, zertifi-
zierter ILP Coach nach Dr. Friedmann, Reiki Leh-
rerin, staatl. geprüfte Physiotherapeutin, NLS Sa-
les Practitioner (Marc Galal), Quan-
tum Wealth Master Coach (Stefanie Bruns & Dr.
Roy Martina).

Sie vereint mediale und mentale Fähigkeiten und
Wissen rund um Persönlichkeitsentwicklung, ge-
sunder Lebensführung und Erfolg. Ihre mehrere
Jahrzehnte lange Erfahrung als klassische Unternehmerin und Networkerin ermöglichen ihr sehr
gut, Menschen inspirieren und begleiten zu können, die sich persönlich und wirtschaftlich weiter-
entwickeln wollen.

Ihre Vision, weltweit Menschen zu einem besse-
ren Leben zu verhelfen, ist getragen von dem tiefen Wunsch, einen wertvollen Beitrag dafür leisten zu wollen, dass diejenigen, die eine Veränderung wollen und bereit sind, dafür etwas zu tun,
Wege und Fähigkeiten erkennen, die es ihnen er-

möglichen, ein freieres, wohlhabenderes und erfüllteres Leben führen zu können.

Heute bezeichnet sie sich als Next Level Coach und Networkerin der neuen Zeit und liebt es, gemeinsam mit ihrem starken Team Menschen zu verbinden und zu unterstützen, ihre persönliche und finanzielle Freiheit zu erlangen.

www.bettina-mersmann.de